초판 1쇄 발행 2020년 03월 25일

글 · 손승휘 **그림** · 김현민 **감수** · 이인순
편집 · 정지현 **디자인** · 김진영, 이은영
펴낸곳 · 이룸아이 **펴낸이** · 송수정
주소 · 서울시 금천구 디지털로9길 32 갑을그레이트밸리 A동 405호
전화 · 02-373-0120 **팩스** · 02-373-0121
등록 · 2015.10.08.(제2015-000315호)
ISBN 979-11-88617-25-8 | 979-11-88617-22-7(세트)
홈페이지 · www.eribook.com

이 도서의 국립중앙도서관 출판예정도서목록(CIP)은 서지정보유통지원시스템 홈페이지 (http://seoji.nl.go.kr)와 국가자료공동목록시스템(http://www.nl.go.kr/kolisnet)에서 이용 하실 수 있습니다.(CIP제어번호:CIP2020007575)

머리말

감수자의 글

나와 우리 가족, 정다운 이웃, 사랑하는 친구들. 우리가 함께 모여 '하루'라는 이야기를 만들며 하하 호호 살아가는 곳, 지구!

온갖 생명이 살아 숨 쉬는 이 기적 같은 행성 지구는 어떻게 생겨났을까요?

지금 이 순간에도 지구 여기저기에서는 갖가지 변화무쌍한 현상들이 일어나고 있는데, 그 속에는 어떤 과학이 숨어 있을까요? 또, 지구를 둘러싼 우주 공간에는 과연 무엇이 있을까요?

이 책에는 친구들의 마음을 사로잡을 통통 튀는 지구 이야기가 눈을 사로잡는 재미있고 예쁜 삽화와 함께 펼쳐져 있어요. 이 책을 펼치는 순간 어린이 여러분은 즐거운 지구 탐험을 경험하게 될 거예요.

단! 탐험을 시작하기 전에, '왜 그럴까? 정말 그럴까? 어떻게 될까?' 하는 질문들을 던지는 것이야말로 지구 탐험을 성공적으로 마칠 수 있는 가장 중요한 열쇠임을 기억해 두세요.

탐험을 마칠 때쯤이면 어린이 여러분은 자신이 좀 더 자랑스럽게 느껴질 것이고, 지구가 얼마나 소중한지, 그리고 아름다운 지구의 미래를 위해 우리가 어떤 마음과 자세를 가져야 할지에 대해서도 배우게 될 거라고 기대합니다.

이인순

작가의 글

우리는 하루하루를 지구라는 아주 고마운 행성에서 살고 있어요. 우리에게 필요한 모든 것을 아낌없이 주는 지구! 이러한 지구에 대해서 친구들은 얼마나 알고 있나요? 남의 것이 아니라 바로 내 것인 지구를 얼마나 사랑하고 아껴 주고 있나요? 왜 비가 내리는지, 왜 겨울이면 추워지는지, 눈과 우박은 왜 떨어지고, 바다는 어떻게 생겨났는지, 우리가 매일 밟고 다니는 땅속에는 무엇이 들어 있는지……. 가만히 생각해 보면 궁금한 점이 한두 가지가 아니지요?

이 모든 궁금증을 모른 채 지나치면 우리는 지구의 소중함과 고마움마저 지나쳐서 진심으로 지구를 사랑할 수 없게 된답니다. 지구에 대해서 좀 더 알게 되면 사랑하고 아끼는 마음이 생겨나고, 그런 마음은 지구를 더 살기 좋은 곳으로 만들 거예요. 그럼 이제 우리가 얼마나 지구를 알고 있는지 함께 알아볼까요?

손승희

퀴즈 풀면서 재미있게 배우는 신개념 학습!

관찰하여 무엇일지 **유추**하고
개념 지도를 그리며
새로운 것을 **창조**해 내는
신개념 학습법!

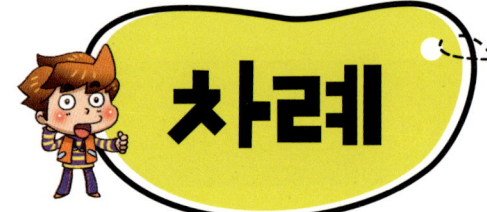

차례

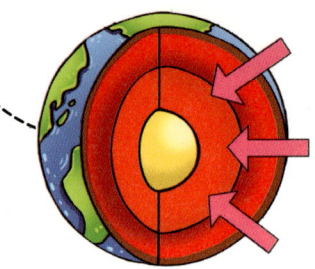

- 알고 보면 더 신비한 지구 … 10
- 이렇게 분류했어요 … 12

01 사막 물이 부족해 메마른 지역 … 13
02 바다 짠물이 고여 이어진 공간 … 19
03 지진 땅이 흔들리고 갈라짐 … 25
04 화산 마그마로 만들어진 산 … 31
05 태풍 강한 비바람 … 37
06 중력 지구가 끌어당기는 힘 … 43
07 눈 수증기가 얼어서 된 결정 … 49
08 황사 황토지대의 모래먼지 … 55
09 대기 지구를 둘러싼 기체 … 61
10 달 지구 둘레를 도는 위성 … 67
11 계절 1년간의 기후 변화 … 73
12 남극 지구 남쪽 끝 대륙 … 79
13 북극 지구 북쪽 끝 지역 … 85
14 아마존강 세계에서 가장 큰 강 … 91
15 지층 오랜 시간 쌓여 생긴 층 … 97
16 화석 돌에 남은 옛 생물의 흔적 … 103
17 은하 우주에 빛나는 별 무리 … 109
18 별 스스로 빛을 내는 항성 … 115
19 운석 우주에서 떨어진 조각 … 121
20 바람 공기의 움직임 … 127

21	비 수증기가 물방울 되어 떨어짐… 133		31	섬 물로 둘러싸인 작은 육지… 193
22	시간 시각 사이의 간격… 139		32	온천 지하수가 데워져 나오는 샘… 199
23	태양 지구에서 가장 가까운 별… 145		33	무지개 물방울과 빛이 만든 색띠… 205
24	해일 해수면이 높아져 넘치는 현상… 151		34	안개 지면에 가까이 있는 구름… 211
25	지하자원 땅속의 쓸모 있는 자원… 157		35	번개 방전으로 번쩍이는 불꽃… 217
26	강 넓고 길게 흐르는 큰 물줄기… 163		36	가뭄 비가 내리지 않아 메마른 날씨… 223
27	동굴 자연으로 생긴 깊고 넓은 굴… 169		37	홍수 강물이 넘쳐흐름… 229
28	땅 물에 덮이지 않은 지구 표면… 175		38	이슬 물체 표면에 맺힌 물방울… 235
29	산 높이 솟아 있는 땅… 181		39	생명 생물이 살아 숨 쉬는 힘… 241
30	환경 오염 해로운 물질로 더러워짐… 187		40	구름 하늘에 떠 있는 물방울 덩어리… 247

- 우주와 지구의 탄생 … 254
- 지구의 내부 구조 … 258
- 한눈에 보는 지구 … 260
- 찾아보기 … 261

지구는 어린이 여러분이 책을 읽고 있는 지금 이 순간에도 계속 움직이고 있어요. 지구 스스로 돌기도 하고(자전*), 태양 주변을 돌기도 해요(공전*). 지구 속에서는 여러 물질이 끓어오르며 끊임없이 밖으로 에너지를 내보내지요.

지구 곳곳의 계절과 기후는 다르게 변하고, 나라마다 밤과 낮도 모두 달라요. 새로운 사막과 동굴이 생겨나고, 없던 물질이 만들어지기도 하지요.

변화무쌍한 지구는 앞으로 어떤 모습을 지니게 될까요?

더욱 살기 좋은 지구를 꿈꾸며, 지금부터 지구에 대해 하나하나 알아볼까요?

*자전 : 천체가 고정된 축을 중심으로 스스로 도는 운동.
*공전 : 한 천체가 다른 천체의 둘레를 되풀이하여 도는 운동.

이 책에 실린 40가지 주제는 내용 구분을 위해 다음과 같이 3가지 영역으로 분류했습니다.

지구에 있는 것들

사막 / 바다 / 화산 / 중력 / 대기 / 남극 / 북극 / 아마존강 /
지층 / 화석 / 운석 / 시간 / 지하자원 / 강 /
동굴 / 땅 / 산 / 섬 / 온천 / 생명

지구에서 일어나는 일들

지진 / 태풍 / 눈 / 황사 / 계절 / 바람 / 비 /
해일 / 환경 오염 / 무지개 / 안개 /
번개 / 가뭄 / 홍수 / 이슬 / 구름

지구의 이웃들

달 / 은하 / 별 / 태양

GUESS 01

첫 번째 힌트	★ **모래가** 많은 **곳**이에요.
두 번째 힌트	★ 물이 거의 **없어요**.
세 번째 힌트	★ **신기루**가 나타나요.
네 번째 힌트	★ **오아시스**가 있어요.
다섯 번째 힌트	★ 식물이 잘 자라지 못해요.
 결정적 힌트	"**낙타**가 살아요."

Desert

사

ㅅ ㅁ

사막

물이 부족해 메마른 지역
사막

사막하면 무엇이 가장 먼저 떠오르나요?

끝없이 펼쳐진 **모래벌판**? 이글이글 **뜨거운 태양**? 아물아물 피어오르는 **아지랑이**? 뾰족뾰족 가시 돋은 **선인장**? 아마 이런 것들이 떠오를 거예요.

사막은 비가 거의 내리지 않아서 **식물이 잘 자라지 못할 정도로 메마른 곳**을 말해요.

1년 동안 내리는 비의 양이 250밀리미터도 안 된답니다. 우리나라에서 1년 동안 내리는 비의 양이 약 1,200밀리미터인 것을 보면 얼마나 적은 양인지 알 수 있겠죠?

비가 내려도 아주 적은 양이라 금방 모래 속으로 사라져 버린답니다. 그러니 나무도 풀도 살기 무척 힘들지요.

비의 양을 재는 법

지름이 20센티미터인 원통 모양 그릇에 일정한 시간 동안 내리는 빗물을 모아 그 높이를 잽니다. 이때 비의 양을 재는 단위가 밀리미터랍니다.
1밀리미터 10개가 모이면 1센티미터가 되는 것은 자에서도 볼 수 있지요.

사막에도 물이 있다고?

온통 모래뿐인 사막에도 샘이 솟고 풀과 나무가 자라는 곳이 있어요. 바로 '오아시스'입니다. 오아시스는 지하수가 솟아 나와 사막의 낮은 웅덩이에 물이 괸 것을 말해요. 사막에 사는 사람들은 오아시스 주변에 모여 산답니다. 오아시스는 무역이나 이동을 할 때도 중요한 역할을 하지요.

선인장은 왜 잎이 없을까?

사막의 대표 식물인 선인장은 잎이 없는 대신 바늘처럼 뾰족한 가시를 지니고 있어요. 그 이유는 뜨겁고 건조한 사막에서 수분은 덜 빼앗기고 태양의 열기는 조금만 받으려는 거랍니다.
덕분에 선인장은 아주 적은 양의 물로도 살 수 있지요.

물 좀 주세요...
목... 말라....

앗! 신기루가 보인다!

　신기루는 실제로는 없는 것이 마치 있는 것처럼 보이는 현상으로, 빛의 굴절 때문에 일어나요.
　굴절이란 한 물질에서 다른 물질로 들어갈 때 그 경계에서 꺾이는 것을 말해요.
　빛은 뜨거운 공기에서는 빠르게 움직이고 차가운 공기에서는 느리게 움직이는데, 이 두 공기층을 통과할 때 속도가 달라져서 굴절이 일어나는 거예요. 빛이 굴절되면 전혀 다른 곳에 있는 모습이 바로 눈앞에 있는 것처럼 보인답니다. 사막에서는 아래의 뜨거운 공기와 위의 차가운 공기 사이에 온도 차이가 커서 신기루가 자주 나타나요.

사막에서는 이것을 하는 사람에게 제일 엄한 벌을 주었대요. **어떤 사람일까요?**

01 거짓말을 하는 사람

02 혼자 사막을 건너려는 사람

03 낙타가 없는 사람

04 밤중에 크게 노래하는 사람

생각 키우기

사막에 사는 사람들은 물이 있는 곳을 거짓으로 알려 주거나 주인 모르게 물통을 훔쳐 가는 사람에게 아주 엄한 벌을 주었어요. 사막 한가운데서 사람을 죽게 할 수 있기 때문이에요. 그래서 **거짓말을 한 사람**은 혀를 자르고, 도둑질을 한 사람은 손목을 자르는 무시무시한 벌을 아직도 유지하고 있답니다.

정답 **1**

무엇일까요?

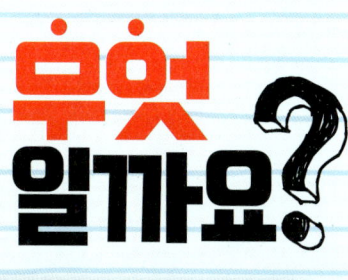

첫 번째 힌트	★ 푸른색이에요.
두 번째 힌트	★ 물고기가 살아요.
세 번째 힌트	★ 배가 떠다녀요.
네 번째 힌트	★ 맛이 짜요.
다섯 번째 힌트	★ 여름에 놀러 가면 좋아요.

 **결정적 힌트** "포세이돈, 해적, 용왕"

Sea

바
↓
ㅂㄷ

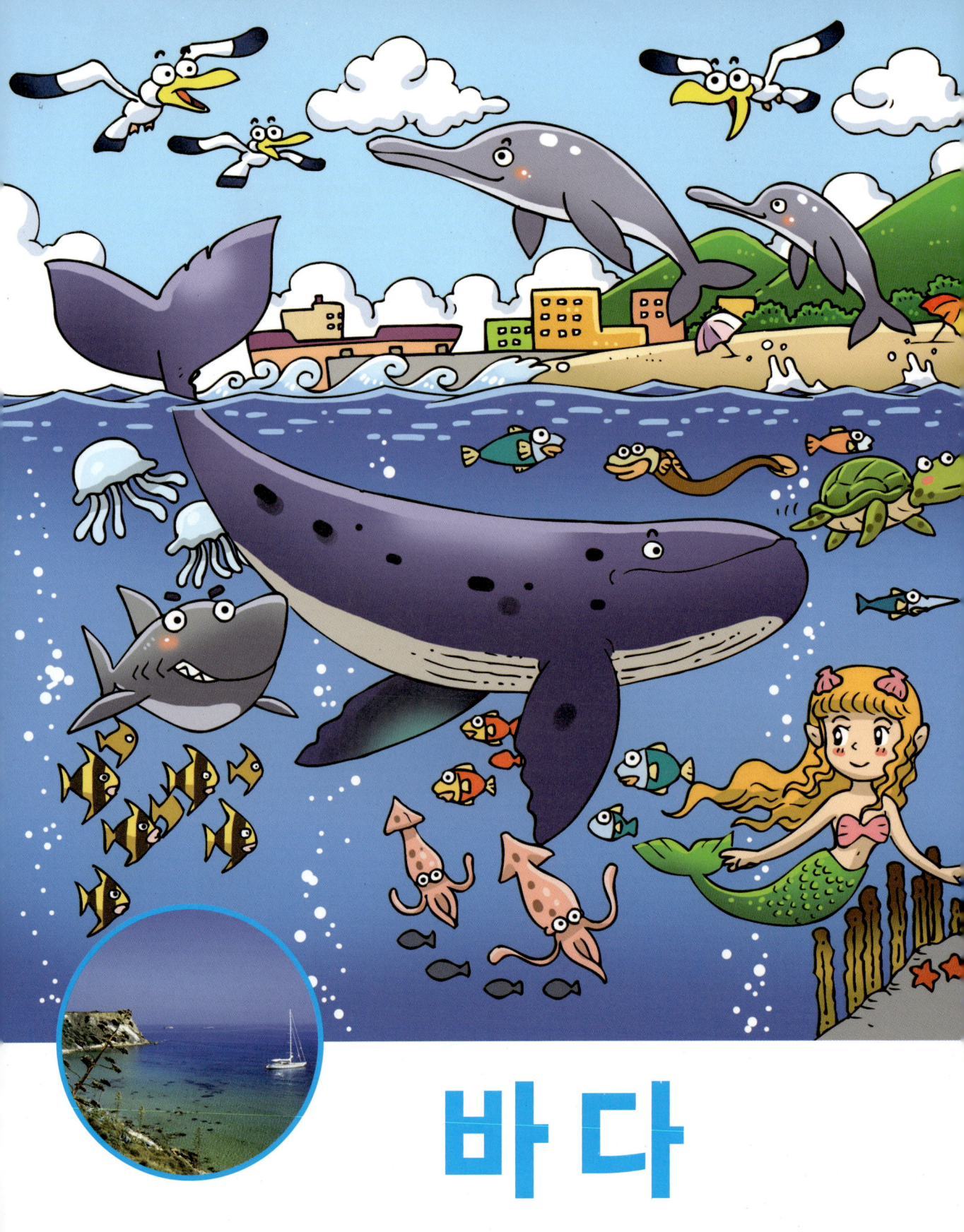
바다

짠물이 고여 이어진 공간
바다

바다는 지구 전체 면적의 3분의 2를 차지하고 있어요.

우주에서 지구가 푸른색으로 보이는 것도 땅보다 바다가 넓기 때문이지요.

바다는 크게 **태평양, 대서양, 인도양, 남극해, 북극해**로 나뉘는데, 바다를 배경으로 땅이 흩어져 대륙을 이루어요. 그래서 일본이나 영국처럼 사면이 모두 바다인 나라도 있고, 스위스나 네팔처럼 아예 한 면도 바다와 접하지 않은 나라도 있답니다. 우리나라처럼 삼면이 바다로 둘러싸인 곳을 반도 국가라고 하지요.

바다는 **소금물**로 이루어져 있어요. 우리가 먹는 음식에 꼭 들어가는 소금이 바로 바다에서 뽑아낸 것이랍니다. 세계 많은 나라에서는 플랑크톤, 해조류, 어류 등의 바다 생물이 살아가는 바다를 **미래 자원의 보고**라고 여겨 열심히 개발하고 있답니다.

등대 앞에 쌓여 있는 덩어리들은 뭐지?

등대는 대부분 방파제* 끝에 있어요. 방파제에는 파도를 막기 위한 콘크리트 덩어리들이 놓여 있어요. 이 덩어리들을 '테트라포드'라고 합니다. 파도가 해안에 있는 방파제에 자꾸 부딪쳐서 방파제가 깎여 나가는 것을 막기 위해서지요. 테트라포드가 만든 공간 때문에 파도는 방파제에 닿을 때 힘을 잃게 된답니다.

*방파제 : 배가 드나드는 항구를 보호하기 위해 쌓은 둑. 거센 파도를 막아 준다.

파도는 왜 일어나는 걸까?

여름에 출렁이는 파도타기 놀이를 해 보았나요?
파도가 일어나는 이유는 여러 가지가 있어요.

바람이 불어서!

바다는 주변에 산이나 나무 같은 장애물이 거의 없고 넓게 펼쳐져 있어 바람이 잘 생겨요. 바람이 불면 파도가 일지요.

만유인력* 때문에!

지구, 달, 태양 사이에는 만유인력이 작용해요. 지구가 자전할 때 인력을 받으면 바닷물이 어느 한쪽으로 쏠리면서 밀물과 썰물이 생기고 파도가 일지요.

공포의 쓰나미!

바닷속에서 화산이 폭발하거나 지진이 나면 그 영향으로 거대한 파도가 생긴답니다.

***만류인력** : 질량을 가지고 있는 모든 물체가 서로 잡아당기는 힘.

바닷물은 왜 소금물이 되었을까요?

01 누가 일부러 소금을 넣어서

02 땅 위의 물질이 녹아 들어가서

03 동물들의 배설물 때문에

04 바다 동물들이 땀을 흘려서

생각 키우기

많은 학자가 바닷물이 짠 이유를 지구의 초기 생성 과정에서 찾고 있어요. 지구가 처음 생겨났을 때에는 오랫동안 많은 비가 내렸어요. 그때 지구 표면과 대기를 이루던 여러 물질 중에 물에 녹기 쉬운 물질이 빗물에 녹아 바다로 모였지요. 이때 **소금을 이루는 물질이 가장 많았다**고 해요. 그래서 바닷물이 짠 거라는 주장이 가장 설득력 있게 받아들여지고 있답니다.

정답 ❷

GUESS 03

무엇일까요?

첫 번째 힌트	★ 아주 **위험**해요.
두 번째 힌트	★ **자연적**으로 일어나요.
세 번째 힌트	★ 사람들이 많이 **죽거나** 다쳐요.
네 번째 힌트	★ 다리나 **집이** 무너져요.
다섯 번째 힌트	★ 땅이 갈라지기도 해요.

결정적 힌트: "땅이 흔들려요."

Earthquake

지 → ㅈ ㅈ

땅이 흔들리고 갈라짐
지진

지진을 겪어 본 적이 있나요?

지진은 지구 내부의 커다란 힘이 밖으로 세차게 쏟아져 나와 땅이 갈라지며 흔들리는 것을 말해요.

땅덩어리끼리 서로 밀어내거나 미끄러지면서, 또는 **화산이 폭발**하거나 **땅속 가스가 나오면서** 일어나는 무시무시한 재난이랍니다.

지진이 나면 건물이 무너지고 도로가 망가질 뿐만 아니라, 여러 곳에서 화재가 일어나고, 홍수나 해일로 이어지기도 해요. 많은 사람이 죽거나 다치는 것은 말할 것도 없지요.

세계 여러 나라에서는 지진을 **미리 알아내어 사람들을 안전한 곳으로 대피**시키거나, 강한 지진에도 버틸 수 있도록 **건물을 설계**하여 **지진의 피해에 대비**하려고 애쓰고 있습니다.

왜 땅이 움직일까?

땅은 뜨거운 액체 상태인 맨틀 위에 얹혀 있는 딱딱한 덩어리 형태예요. 맨틀과 같은 지구 내부의 에너지가 끊임없이 움직이기 때문에 땅도 움직이는 거지요. 그래서 땅덩어리들은 언제라도 서로 갈라지거나 부딪힐 수 있답니다.

마그마의 움직임으로 땅덩어리끼리 서로 부딪혀서 일어난 지진

땅속 깊은 곳에 있는 마그마가 약한 틈을 뚫고 나와서 일어난 지진

지진을 미리 알 수는 없을까?

 학자들은 지금까지 일어난 지진을 기록하고 분석해서, 그 정보를 세계 여러 나라와 공유하였어요. 이를 바탕으로 꾸준히 지진파*를 측정하여, 이제는 지진이 자주 일어나는 지역이 어디인지도 알게 되었지요. 다행히 우리나라는 일본이나 중국에 비해서는 지진이 일어날 확률이 적답니다. 하지만 우리도 지진에 철저히 대비해야 해요.

*지진파 : 지진이나 폭발 때문에 생기는 파동.

건물이 무너짐

땅이 갈라짐

가구가 쓰러짐

전등이 깨짐

사람도 지진을 일으킬 수 있다고?

 자원을 개발하기 위해 땅을 깊이 파거나, 석유를 얻기 위해 바다 바닥에 구멍을 뚫으면 땅이 흔들리기도 해요. 그중에서도 가장 위험한 것은 땅 밑에서 하는 핵실험이랍니다.

지진이 일어났을 때 취해야 할 행동이 아닌 것은 무엇일까요?

01 문을 열어 나갈 곳을 마련한다.

02 무조건 밖으로 뛰어나간다.

03 일단 책상이나 탁자 밑으로 들어가 엎드린다.

04 가스를 잠그고 전기 코드를 뽑는다.

생각 키우기

지진이 일어났을 때는 전기와 가스를 잠그고, 깨지기 쉬운 유리창 옆을 피해야 하며, 밖으로 나갈 수 있도록 문을 열어 두어야 해요. 또 건물 안에서 밖으로 급하게 뛰어나가면 떨어지는 간판 등에 다칠 수가 있으므로 **무조건 뛰어나가지 말고** 침착하게 바깥의 상황을 살핀 후 조심해서 나가야 합니다.

정답 ❷

무엇일까요?

- 첫 번째 힌트 ★ 대부분 **높은 산**이에요.
- 두 번째 힌트 ★ **하얀 연기**가 보이기도 해요.
- 세 번째 힌트 ★ **물이 고여 있**기도 해요.
- 네 번째 힌트 ★ 뜨거운 **용암**이 흘러요.
- 다섯 번째 힌트 ★ **온천수**가 나오기도 해요.

결정적 힌트 "火山"

Volcano

화 → ㅎ ㅏ

31

마그마로 만들어진 산
화산

　백두산과 한라산은 공통점이 있어요. 바로 화산이라는 점이지요.

　화산이란 땅속 깊이 생겨난 마그마*, 가스 등이 땅의 벌어진 틈으로 나와 만들어진 산을 말해요.

　화산은 활화산, 휴화산, 사화산으로 나뉘어요. 지금도 화산 활동을 계속하고 있는 화산을 활화산, 옛날에는 활동했지만 지금은 활동을 멈춘 화산을 휴화산, 활동이 완전히 끝난 화산을 사화산이라고 해요. 백두산과 한라산은 현재 마그마나 화산재 등이 나오지 않아 휴화산에 속한답니다.

　또 하나, 바닷속에도 화산이 있어요. 바닷속에 있는 화산은 윗부분이 볼록 솟아올라 바다 위 섬처럼 보이기도 하는데, 이것을 화산섬이라고 해요. 우리나라에 있는 울릉도가 화산섬이랍니다.

---

*마그마 : 땅속에서 암석이 고온에 가열되어 녹은 물질.

화산은 어떻게 생길까?

무시무시한 화산은 어떻게 생기는 걸까요?
화산이 생기는 이유는 크게 3가지로 나뉘어요.

땅이 양쪽으로 갈라지면서 땅 속에 있던 마그마가 서서히 흘러나와서 생겨요. 보통 이런 화산은 바닷속에서 생기기 때문에 우리는 잘 볼 수 없답니다.

두 땅덩어리가 부딪힐 때 서로 밀어내면서 솟구쳐 올라 생겨나요. 우리가 흔히 알고 있는 화산의 모습으로, 아주 높고 커다란 화산이 생긴답니다.

땅에서는 큰 움직임 없이 뜨거운 용암이 자꾸만 땅을 뚫고 올라와서 생겨요. 바다에 있는 작은 화산섬들은 이렇게 생겨난 것들이랍니다.

화산 폭발이 가져온 재앙 ❶

 2010년 4월 14일, 아이슬란드의 에이야프얄라요쿨에서 화산이 폭발했어요. 화산재가 온 하늘을 뒤덮는 바람에 아이슬란드는 물론 유럽 곳곳에서 비행기가 한 대도 다니지 못할 정도였지요. 게다가 주변 바다의 빙하까지 녹아내려 거대한 홍수마저 일으켰답니다.

화산 폭발이 가져온 재앙 ❷

 이탈리아 폼페이는 한때 포도밭과 울창한 숲, 그리고 훌륭한 건축물이 있던 고대 도시였어요. 그런데 서기 79년 8월 24일, 섬에 있던 베수비오 화산이 갑자기 폭발하면서 도시 전체가 용암으로 뒤덮였답니다. 워낙 순식간에 일어나서 사람들이나 동물들 모두 피하지 못하고 화석처럼 숨진 모습 그대로 발굴되었어요.
 한순간 멈춰 버린 도시 폼페이를 보면 당시의 사람들이 어떻게 살았는지 자세히 알 수 있지요.

▼ 제우스 신전 뒤로 우뚝 서 있는 베수비오 화산

백두산의 천지처럼, 화산 꼭대기에는
왜 호수가 있을까요?

01 마그마를 식히려고

02 관광객을 모으려고

03 마그마가 물로 변해서

04 움푹 파인 곳에 빗물이 고여서

생각 키우기

화산 꼭대기에 호수가 생기는 이유는 마그마가 솟아 오른 뒤, 그 자리에 밥그릇처럼 **움푹 파인 웅덩이가 생기기 때문**이에요. 비가 오거나 눈이 오면 웅덩이에 물이 고여 호수를 이루는데, 이런 호수를 '칼데라호' 라고 해요.

정답 ❹

무엇일까요?

첫 번째 힌트	★ '매미', '나비'라고도 불렸어요.
두 번째 힌트	★ 시커먼 먹구름이 끼어요.
세 번째 힌트	★ 물에 잠기는 곳이 생겨요.
네 번째 힌트	★ 비가 많이 내려요.
다섯 번째 힌트	★ 여름에 자주 와요.

 **결정적 힌트** "강한 비바람을 몰고 와요."

Typhoon

태
↓
ㅌ ㅍ

태풍

강한 비바람
태풍

해마다 **봄부터 가을**이 되기까지, 세계 이곳저곳에서는 태풍의 위험을 알리는 **태풍주의보**가 내려져요.

우리나라도 예외는 아니어서 1년에도 여러 번 태풍의 위험과 마주하지요.

강한 바람과 **많은 비**를 몰고 태풍이 오면, 배가 뒤집히거나 집이나 도로가 물에 잠기는 등 사람들이 큰 피해를 본답니다.

태풍은 전 세계적으로 **1년에 30~100번** 정도 발생한다고 해요. 그중 우리나라를 통과하는 태풍은 평균 3개 정도라고 하니, 다른 나라에 비해서는 그나마 다행스러운 일이라고 할 수 있어요. 그런데도 태풍 때문에 생기는 피해는 상당히 커서, 우리 정부에서는 언제나 사람들이 입는 피해를 줄이기 위해 여러 가지 대책을 세우느라 바쁘답니다.

태풍을 피하는 방법

태풍이 가까이 다가오면 정부에서는 태풍 경보를 내려요.
태풍 경보가 내려지면 선박들은 항구로 대피하고, 댐은 수문을 활짝 열어서 많은 빗물을 담을 수 있도록 준비하지요. 또 만일의 사고에 대비하여 인명 구조 본부도 마련된답니다.

들어는 봤나? 태풍의 눈!

태풍은 거대한 소용돌이 구름과 비바람으로 주변을 한바탕 휩쓸어 놓아요. 하지만 정작 소용돌이의 한가운데는 바람 없이 맑고 아주 조용하답니다. 이곳을 '태풍의 눈'이라고 해요. 그래서 사람들은 엄청난 사건의 근본이 되는 일을 '태풍의 눈'이라고 표현하지요.

태풍의 눈!

태풍은 왜 생길까?

해마다 여름쯤 되면 태풍이 불어와 곳곳에 큰 피해를 주곤 해요. 강한 바람과 많은 비를 몰고 오는 태풍은 어떻게 생겨날까요?

태풍은 기온이 높은 열대 바다 위에서 생겨요. 바다 위는 특히나 수증기가 많거든요. 이 수증기가 뜨거운 햇볕을 많이 받아서 데워지면 하늘 높이 올라가요.

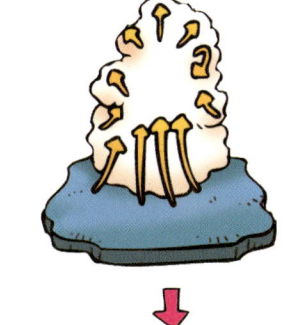

이 수증기들이 모여 덩어리를 이루는데, 이것이 적란운*이라는 구름이에요. 수증기는 물방울이 될 때 에너지를 내놓는데, 이 에너지 때문에 적란운 안에 있는 공기는 서서히 회전하기 시작해요.

*적란운 : 위는 산 모양으로 솟고 아래쪽은 비를 머금고 있는 구름.

공기가 회전하는 속도가 빨라지면 강한 바람과 함께 깔때기 모양의 구름 기둥이 생기는데, 이것이 바로 태풍이에요. 그래서 태풍이 오면 구름으로 인한 많은 비와 강한 바람이 이는 것이랍니다.

무시무시한 태풍에 왜 예쁜 이름을 붙일까요?

01 구름이 예쁘니까

02 가뭄을 해결해 주니까

03 기억하기 쉬우라고

04 별일 없이 지나가라고

생각 키우기

옛날에는 태풍의 이름을 모두 영어로 된 여자 이름으로만 지었어요. 아무리 강한 태풍이라도 부드럽게, **별일 없이 지나가길 바라서**였지요. 그러다 2000년부터는 세계기상기구(WMO)에서 태풍의 영향을 받는 14개국으로부터 단어를 10개씩 받아, 거기에서 차례대로 돌아가며 이름을 짓고 있답니다. 각 나라의 고유어로 된 태풍 이름의 뜻을 보면 동물이나 곤충, 꽃 이름 등이 많다고 해요.

정답 ❹

GUESS 06

첫 번째 힌트	★ 이게 없으면 **공중**에 떠다녀야 해요.
두 번째 힌트	★ 저울로 **무게**를 잴 수 있게 해요.
세 번째 힌트	★ 멀리뛰기보다 **높이뛰기**가 힘들어요.
네 번째 힌트	★ 나무에서 **사과**가 떨어지게 해요.
다섯 번째 힌트	★ 뉴턴의 만유인력의 법칙!

결정적 힌트: "지구 중심에서 잡아당기는 힘"

Gravitation

중

ㅈㄹ

중력

지구가 끌어당기는 힘
중력

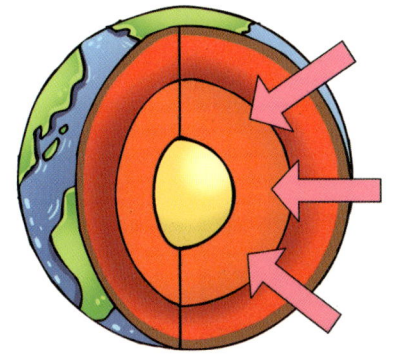

지구는 공처럼 둥글게 생겼어요. 그런데 어떻게 지구의 옆이나 아래에 사는 사람들은 지구 아래로 떨어지지 않고 땅 위를 걸어 다닐 수 있는 걸까요?

그건 바로 지구의 중력 때문이랍니다. 중력이란 지구의 중심부가 우주 전체를 힘껏 끌어당기는 힘이에요. 지구의 힘이 우주 전체에 미칠 수는 없지만, 이 중력 때문에 달도 지구 둘레를 공전하는 거지요.

이렇게 물체가 서로 끌어당기는 힘을 인력이라고 해요. 그런데 이 힘은 지구에만 있는 건 아니에요. 우주에 있는 모든 물체에는 이런 힘이 있답니다. 이 힘을 만유인력이라고 해요. 지구가 태양의 둘레를 도는 이유도 태양과 지구의 만유인력이 서로 균형을 이루고 있기 때문이지요. 이런 힘이 없어지면 태양과 지구, 여러 행성은 모두 뿔뿔이 흩어져 나가고 말 거랍니다.

만유인력은 누가 발견했을까?

만유인력의 원리를 가장 먼저 발견한 사람은 뉴턴 Isaac Newton (1642~1727)이에요.

뉴턴은 달이 지구 둘레를 공전하는 이유가 행성과 행성 사이에 인력이 있기 때문이라는 것을 밝혀냈답니다.

지구에서 무중력 상태를 경험하려면?

우주선 안에는 중력이 없어요. 그래서 우주 비행사들은 중력이 없는 상태에 적응하는 훈련을 반드시 해야 하지요.

중력이 없는 무중력 상태를 만드는 가장 쉬운 방법은 비행기를 타고 하늘 높이 올라갔다가 엔진을 끄고 자유낙하를 하는 거예요.

그러면 비행기는 중력에 이끌려서 자유낙하를 하지만, 비행기 안에 탄 사람은 그 안에서 중력의 영향을 따로 받지 않고 무중력 상태를 경험하게 된답니다.

중력이 없다면 어떤 일이 생길까?

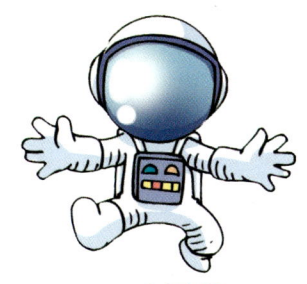

물을 끼얹으면 몸에 닿기도 전에 물이 사방으로 다 날아가 목욕을 할 수 없어요.

공놀이도 할 수 없어요. 한 번 차면 영원히 날아가 버릴 테니까요.

컵을 기울여도 물이 쏟아지지 않고 허공에 떠다녀요.

걷거나 뛸 수도 없어요. 우리 몸이 마치 풍선처럼 둥실둥실 떠다닐 테니까요.

우주선 안에서는 음료수를 어떻게 마실까요?

01 얼려서 깨물어 먹는다.

02 공중에 뿌려서 먹는다.

03 빨대로 마신다.

04 안 마신다.

생각 키우기

우주 공간으로 날아간 우주선 안에는 중력이 없어요. 그래서 물이 흘러내리지 않는답니다. 컵에 따라 마실 수도 없지요. 우주 비행사들은 중력이 없는 상황에 적응하기 위해 여러 가지 훈련을 받아요. **빨대로 물을 마시는 훈련**도 그중 하나랍니다.

정답 ❸

무엇일까요?

첫 번째 힌트	★ 수증기가 찬 기운을 만나 생겨요.
두 번째 힌트	★ 얼음 결정이에요.
세 번째 힌트	★ 겨울에 하늘에서 내려요
네 번째 힌트	★ 따뜻해지면 녹아요.
다섯 번째 힌트	★ ○사람

 결정적 힌트 " ○썰매를 타요."

Snow

ㄴ

수증기가 얼어서 된 결정

눈

"펄펄 눈이 옵니다! 하늘에서 눈이 옵니다~!"

하늘에서 눈이 내리면 강아지도 좋다며 꼬리를 흔들어요. **겨울**이 오면 참 신이 나지요. **스키**도 타고, **눈썰매**도 타고, 또 **눈사람**도 만들 수 있으니까 말이에요. 이렇게 재미있는 놀거리를 주는 하얀 눈!

눈은 하늘에서 **수증기가 얼어서** 떨어지는 **결정***이에요. 그러니 날씨가 추워야 볼 수 있겠지요?

눈 결정은 대개 **육각형**을 이루어요. 하지만 그 크기와 모양은 눈이 내릴 때의 기온과 환경에 따라 달라져서, 바늘 모양을 한 눈도 있고, 기둥 모양, 장구 모양 등 매우 다양한 모양을 하고 있답니다.

눈의 종류도 여러 가지예요. 굵고 커다란 **함박눈**, 쌀알같이 작은 **싸라기눈**, 비가 섞여 내리는 **진눈깨비** 등이 있답니다.

***결정**: 물질을 이루고 있는 작은 입자들이 규칙적으로 배열되어 있는 형태.

▲ 만년설

눈이 녹지 않아!

아주 추운 곳이나 높은 산에서는 1년 내내 녹지 않고 쌓여 있는 눈을 볼 수 있어요. 바로 '만년설'이에요. 내리는 눈이 녹는 눈보다 많아서 언제나 눈을 볼 수 있답니다. 북극이나 남극에서는 자꾸만 쌓이는 무게에 눌려서 단단한 빙하가 되기도 해요.

얼음은 투명한데 눈은 왜 흰색이야?

눈의 결정체 안에 공기가 들어 있기 때문이에요. 빛이 공기에 부딪히면 눈이 흰색으로 보이게 되지요. 반대로 얼음을 이루는 물방울은 공기가 들어 있지 않아 흰색을 띠지 않는 거예요. 쉽게 팥빙수만 보아도 알 수 있어요. 투명한 얼음을 갈고 나면 사이사이에 공기가 들어가서 흰색으로 보인답니다.

눈은 왜 겨울에만 내릴까?

하늘에 있는 구름은 작은 물방울을 머금고 있어요. 이 물방울이 무거워져서 땅으로 내리는 것이 비라면, 기온이 낮은 공기층을 만나 얼어서 내리는 것이 눈이에요. 그래서 눈은 추운 겨울에 내리는 거예요. 추운 나라에서는 겨울뿐만 아니라 1년 내내 눈이 내리기도 하지요. 더운 곳에서는 눈이 오지 않아 아예 눈이라는 단어가 없는 나라도 있답니다.

진눈깨비나 우박과는 뭐가 달라?

진눈깨비는 눈이 내리다가 따뜻한 지표 부근에서 녹아서 비처럼 내리는 거고, 우박은 하늘로 올라오는 강한 공기의 흐름 때문에 구름에 있던 얼음 알갱이가 땅으로 내려오지 못하고 있다가 결국 계속 커져서 떨어지는 얼음덩어리랍니다.

눈이 내리고 나면 날씨가 더 추워져요.
그 이유는 무엇일까요?

01 눈은 차가우니까

02 눈이 땅의 열을 막아서

03 눈이 얼음이 되어서

04 눈이 바람을 일으켜서

생각 키우기

소복소복 흰 눈이 쌓이면 날씨가 더욱 추워져요. 하얗게 쌓인 눈이 하늘에서 오는 햇볕을 반사해 버리고 **땅에서 올라오는 열기도 막아 버리니까요.** 그런 만큼 사람에게 전해지는 열이 줄어들어 눈이 오고 나면 더 춥게 느껴지는 거랍니다.

정답 ❷

GUESS 08 무엇일까요?

- **첫 번째 힌트** ★ **중국** 등 사막 지대에서 불어와요.
- **두 번째 힌트** ★ 주로 **봄**에 와요.
- **세 번째 힌트** ★ 눈도 **따갑고** 숨 쉬기도 힘들어져요.
- **네 번째 힌트** ★ 이것 때문에 **마스크**를 써야 해요.
- **다섯 번째 힌트** ★ 건강에 아주 나빠요.

결정적 힌트 "누런 흙먼지를 말해요."

Asian dust

황
↓
ㅎ ㅅ

황사

황토지대의 모래먼지
황사

한겨울이 지나고 따뜻한 봄이 시작될 즈음, 우리에게 찾아오는 반갑지 않은 손님이 있어요. 바로 황사랍니다.

황사는 중국 북쪽 또는 몽골에 있는 황량한 사막에서 날아오는 황갈색의 모래먼지예요. 겨우내 얼어서 움직이지 못했던 흙먼지가, 날씨가 따뜻해지면 바람을 타고 바다를 건너 우리나라에까지 넘어오는 거랍니다.

황사에는 아주 작은 흙먼지와 함께, 공기 중의 나쁜 물질들도 섞여 있어요. 그래서 호흡 기관에 염증을 일으키거나, 눈병 또는 피부병 등을 일으키지요.

황사 바람이 불 때는 될 수 있으면 밖에 나가지 않는 게 좋아요. 밖에 나갈 때는 마스크를 꼭 쓰고, 나갔다가 들어와서는 깨끗이 씻는 것이 아주 중요하답니다.

황사는 언제 잘 일어날까?

땅이 건조해요!

흙먼지가 서로 엉겨 붙지 않고 가루인 채로 있어야 바람을 타고 잘 날아오를 수 있겠지요?

나무도 풀도 없는 사막!

나무나 풀이 흙먼지를 붙잡지 못해야 흙먼지가 멀리까지 훌훌 날아갈 수 있거든요.

높고 평평한 곳!

높고 평평한 곳이어야 쉽게 바람을 타고 다른 곳으로 날아갈 수 있어요.

황사는 모두 황갈색?

 황사(黃 누를 황, 砂 모래 사)니까 당연히 누렇지 않으냐고요?
 그렇지 않아요. 황사가 일어나는 곳의 흙 색깔에 따라, 또는 어떤 물질이 섞이느냐에 따라 누런 황사, 붉은 황사, 시커먼 황사가 날아오기도 한답니다. 누런빛을 띠는 경우가 제일 많아서 황사라고 부르는 거예요.

황사도 좋은 일을 한다고?

 공기 중에 떠 있는 황사는 태양에서 오는 열이나 적외선을 흡수해서 지구의 기온이 너무 높아지지 않게 해 줘요. 또 황사에 섞여 있는 유기질*은 흙이나 바다로 녹아 들어가 영양분을 공급하기도 하지요. 게다가 유기질 안에 있는 알칼리 성분이 지구 환경에 해로운 산성비를 묽게 하여 피해를 줄여 준답니다.

*유기질 : 단백질, 지방과 같은 영양분을 가진 물질.

황사의 피해를 줄이는 가장 좋은 방법은 무엇일까요?

01 벽을 쌓아 먼지를 막는다.

02 선풍기로 먼지를 돌려보낸다.

03 나무를 많이 심는다.

04 황사가 올 때마다 물을 뿌린다.

생각 키우기

황사가 일어나지 않게 하는 가장 좋은 방법은 사막을 없애는 거예요. 모래 가득한 사막에 물길을 만들어 물을 대 주고, **나무를 심어서 사막이 넓어지지 않게** 하면 황사 현상도 줄어들 거랍니다.

정답 ❸

GUESS 09

첫 번째 힌트	★ 색도 없고 냄새도 안 나요.
두 번째 힌트	★ **중력**에 의해서 머물러 있어요.
세 번째 힌트	★ 우주에서 오는 해로운 **빛을 막아** 줘요.
네 번째 힌트	★ 우주에서 오는 해로운 **먼지를 막아**요.
다섯 번째 힌트	★ 지구를 둘러싼 기체예요.

결정적 힌트: "지구에는 공기가 있어요."

Atmosphere

대 ┌ ┐

대기

지구를 둘러싼 기체
대기

숨을 쉬려면 **산소**가 꼭 필요하지요?

우주 어디에서도 지구만큼 산소가 풍부한 곳은 아직 발견하지 못했어요.

산소 같은 **기체가 지구 주위를 둘러싸고 있는 것을** 대기라고 해요. 그리고 이런 기체가 모여 있는 층을 **대기층**이라고 한답니다. 대기는 지구가 끌어당기는 중력 때문에 우주로 날아가지 못하고 지구를 둘러싸고 있는 거예요.

지구의 대기는 **자외선이나 우주에서 오는 각종 해로운 광선을 차단**해 줘요. 또 우주 공간에서 떠도는 **천체 조각들이 지구와 충돌하지 않도록** 막아 주기도 한답니다. 이 조각들을 대기가 마찰열로 태워 버리지 않으면 땅에 떨어져 엄청난 재난을 일으킬 거예요.

어때요? 보이지는 않지만 대기는 우리를 위해 참 많은 일을 하고 있죠?

대기는 지구에만 있을까?

다른 행성에도 대기는 있지만, 지구처럼 산소를 포함하고 있진 않는답니다. 화성과 금성의 대기는 95퍼센트 이상이 이산화탄소이고, 목성의 대기는 수소로 이루어져 있지요.

대기는 왜 지구에서 달아나지 않을까?

중력이 공기를 우주 멀리 달아나지 못하도록 끌어당기고 있어서 공기가 흩어지지 않는 거예요. 하지만 높은 하늘로 올라갈수록 중력이 약해져서 공기의 밀도도 줄어들어요.

*밀도: 일정한 공간 안에 빽빽이 들어선 정도.

갈 테면 가 봐!

끄응끄응 벗어나고 싶어!

너무 높이 올라가면 숨이 막혀!

대기는 여러 개의 층으로 되어 있어요. 높이에 따라서 대류권, 성층권, 중간권, 열권 등으로 나눌 수 있답니다. 그중에서 우리가 숨을 쉴 수 있는 곳은 대류권뿐이지요.

한눈에 쏙! 대기권!

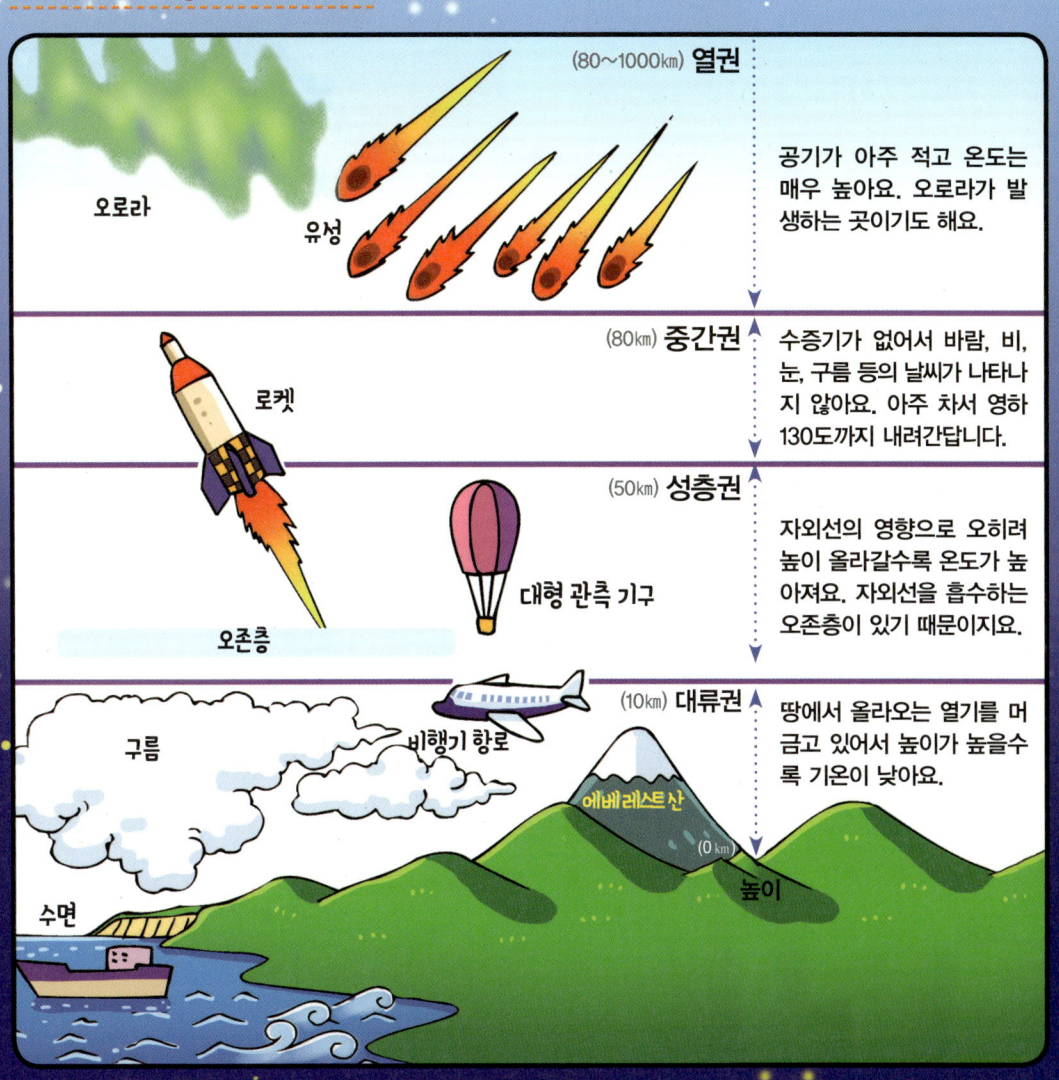

하늘이 파랗게 보이는 이유는 무엇일까요?

01 원래 우주가 파란색이어서

02 지구가 파란색이니까

03 태양 빛 중 파란색이 대기에서 흩어져서

04 바다의 파란색이 하늘에 비쳐서

생각 키우기

태양으로부터 오는 빛은 지구의 대기를 통과할 때 대기 중의 질소와 산소, 먼지 등 작은 알갱이들에 부딪혀 사방으로 흩어져요. 그런데 색마다 흩어지는 정도가 다르답니다. 그중 **파란색이 대기 중에 가장 많이 흩어지면서 우리 눈에 하늘이 파랗게 보이는** 거예요.

정답 ❸

GUESS 10

무엇일까요?

첫 번째 힌트	★ 지구의 유일한 **자연위성**이에요.
두 번째 힌트	★ 지구 **주변을 돌아요**.
세 번째 힌트	★ **아폴로 11호**가 처음 다녀왔어요.
네 번째 힌트	★ 날마다 **모양이** 변해요.
다섯 번째 힌트	★ 밤에 밝게 빛나요.

 **결정적 힌트** "낮에는 태양, 밤에는 ㅇ"

Moon

月

ㄷ

달

지구 둘레를 도는 위성

달

달은 지구의 둘레를 도는 **지구의 위성**이에요.

지구가 태양 둘레를 1년에 한 번 도는 것처럼 달은 **지구 둘레를 한 달에 한 번** 돌지요.

달이 지구 둘레를 도는 이유는 **지구가 끌어당기는 힘과 달이 떨어져 나가려는 힘이 서로 맞서기 때문**이랍니다.

달이 언제부터 지구 둘레를 돌게 되었는지에 대해서는 과학자마다 여러 가지 주장을 내놓고 있어요. 멀리서 혜성처럼 날아왔다가 지구의 중력에 잡히면서부터 돌게 되었다는 주장도 있고, 지구와 동시에 만들어져서 처음부터 돌았다는 주장도 있지요.

달은 **지구의 4분의 1 정도 크기**예요. 산소, 물, 대기도 없기 때문에 **생물이 살 수 없답니다.**

달은 왜 자꾸 모양이 변하지?

　달은 스스로 빛을 내지 못해요. 우리가 보는 달빛은 달이라는 위성에 태양 빛이 반사된 거예요.
　지구가 태양 주위를 돌 듯, 달은 약 한 달 동안 지구 주위를 한 번 도는데, 그러는 동안 태양과 지구, 달의 위치가 변해요. 이때 지구에서 보는 달과, 달이 태양 빛을 받는 각도에 따라 달의 모양이 다르게 보이는 거예요.
'태양-지구-달' 순서로 놓일 때는 달이 태양의 빛을 완전히 반사시켜 둥그런 보름달이 보이고, '태양-달-지구' 순서로 놓이면 달의 반대편만 빛을 받으니 지구에서는 달이 거의 보이지 않지요.

| 삭 | 상현 | (보름)망 | 하현 | 삭 |

세계 최초로 달에 착륙한 우주선, 아폴로 11호!

1969년 7월 20일, 세계 최초로 달에 착륙한 우주선이 있어요. 바로 미국의 아폴로 11호예요.

선장 닐 암스트롱 Neil Alden Amstrong(1930~2012)은 아폴로 11호를 타고 날아가 달 표면의 '고요의 바다'에 내렸어요. 그리고 인류의 첫 발자국을 찍었지요.

그는 다른 우주 비행사들과 함께 달 표면에서 여러 가지 물질을 담아 왔어요. 덕분에 그동안 해 오던 달 연구에 큰 도움이 되었답니다.

"사람에게는 작은 발걸음이지만, 인류에게는 거대한 도약이다!"

닐 암스트롱이 달에서 무거운 장비를 메고도 사뿐사뿐 걸은 이유는 무엇일까요?

01 달에 온 게 매우 좋아서

02 달 표면에 다치지 않으려고

03 몸무게가 가벼워져서

04 특수 신발이어서

생각 키우기

지구에 중력이 있듯이, 모든 물체는 끌어당기는 인력이 있어요. 달은 지구에 비해 인력이 매우 약해요. 지구의 17퍼센트에 불과하지요. 즉, **달이 표면에 있는 물체를 끌어당기는 힘은 지구의 5분의 1도 되지 않는다는** 이야기예요. 그러니 무거운 장비를 메고도, 달에서는 사뿐사뿐 걸어 다닐 수 있는 거랍니다.

정답 ❸

GUESS 11

무엇일까요?

- **첫 번째 힌트** ★ 나라에 따라 **없는 곳도** 있어요.
- **두 번째 힌트** ★ **태양 때문**에 변해요.
- **세 번째 힌트** ★ 이것 때문에 입는 **옷도 바뀌어요**.
- **네 번째 힌트** ★ **날씨**가 달라져요.
- **다섯 번째 힌트** ★ 우리나라는 1년에 네 종류로 나뉘어요.

결정적 힌트 "봄, 여름, 가을, 겨울!"

Season

계
↓
ㄱ ㅈ

계절

계절

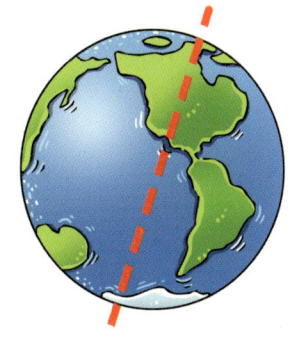

우리나라는 **4계절**이 뚜렷해요. 1년에 **봄**, **여름**, **가을**, **겨울**이 정확하게 바뀌고, 그에 따라 날씨도 달라지지요. 그런데 모든 나라가 그런 것은 아니에요.

지구의 중심을 이루는 적도 근처를 열대나 아열대 기후라고 하는데, 이곳에서는 **비가 많이 내리느냐 적게 내리느냐**에 따라서 우기와 건기로 계절을 나눠요. 또 지구의 극 근처를 한대 기후라고 하는데, 이곳에서는 **밤과 낮의 길이**로 계절을 나눈다고 해요. 우리나라는 북극과 적도 사이에 있는 **온대 기후**여서 모든 계절을 만날 수 있는 거랍니다.

이렇게 곳마다 나타나는 계절이 다른 이유는 지구의 중심을 이루는 축이 약간 기운 채로 태양 둘레를 돌기 때문이에요. 그럼 태양 빛을 받는 양이 위치마다 달라지거든요. **지구의 공전**이 계절을 만들어 내는 거랍니다.

난 여름! 넌 겨울!

빛을 직각에 가깝게 받는 곳은 여름이 되고, 빛을 비스듬히 받는 곳은 겨울이 돼요. 그래서 지구의 한쪽 반이 여름이면 반대쪽은 겨울, 지구의 한쪽 반이 겨울이면 반대쪽은 여름이 된답니다.

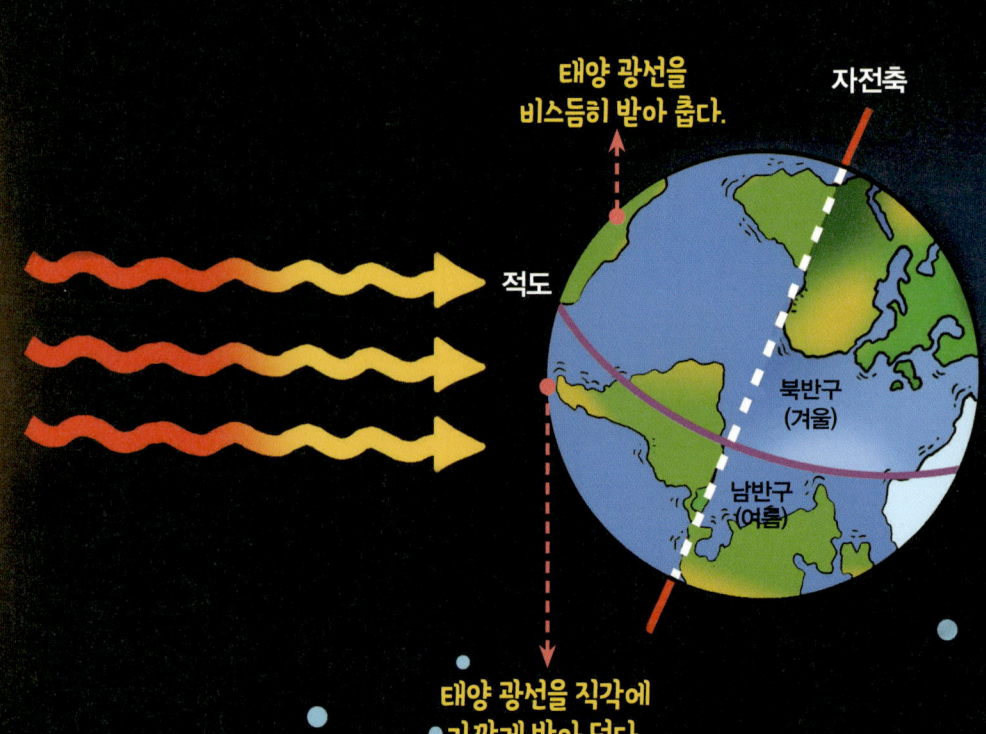

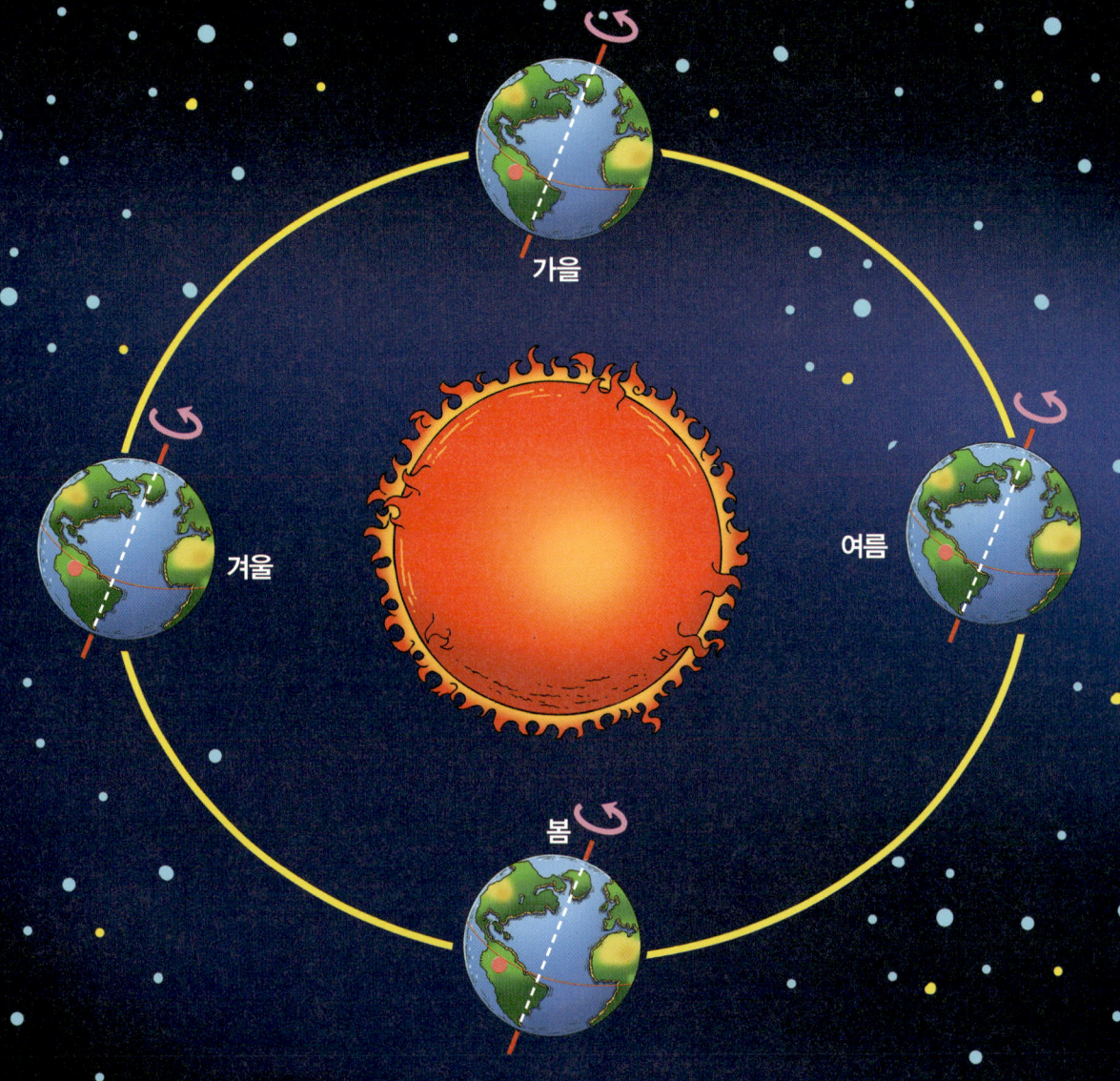

사계절의 비밀은 삐딱한 지구!

지구는 365일과 4분의 1일에 걸쳐 자그마치 9억 킬로미터나 되는 태양의 둘레를 돌아요. 게다가 지구는 자전축을 기준으로 똑바로 있지 않고 삐딱하게 기울어져 있지요. 이것 때문에 기온이 변하고 계절이 뚜렷해지는 거랍니다. 지구가 태양 빛을 받는 각도에 따라서 빛의 양도 달라지기 때문이지요.

계절에 따라 하늘의 별자리가 달라지는 이유는 무엇일까요?

01 별자리가 움직여서

02 사라지는 별이 많아서

03 별이 계절마다 새로 생겨나서

04 지구가 태양 둘레를 돌아서

생각 키우기

보통 지구에서는 태양 반대편에 있는 별자리를 볼 수 있어요. 그런데 **지구가 태양 둘레를 도니까 태양의 반대편에 있는 별자리도 달라지게 되지요.** 계절에 따라 밤하늘의 별자리가 달라지는 이유도 그 때문이랍니다.

정답 ❹

첫 번째 힌트	★ 세계에서 **다섯 번째로 큰 대륙**이에요.
두 번째 힌트	★ **대부분 얼음**으로 덮여 있어요.
세 번째 힌트	★ **펭귄** 등 몇몇 동물만 살아요.
네 번째 힌트	★ 지구에서 **가장 추워요**.
다섯 번째 힌트	★ 지구의 가장 남쪽에 있어요.

 "(南) 남녘 남, (極) 끝 극"

the South Pole

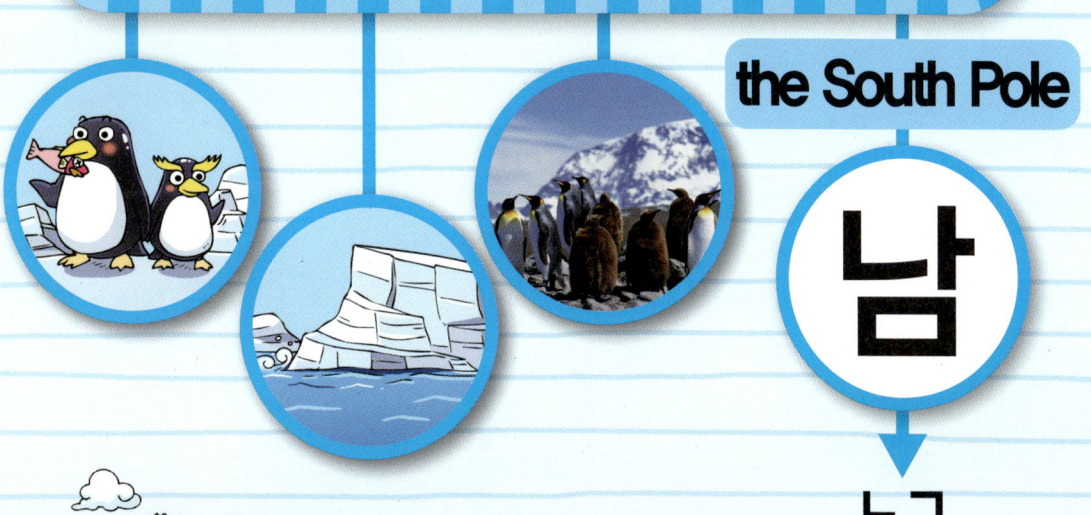

남

79

지구 남쪽 끝 대륙
남극

남극은 지구에서 **가장 남쪽에 있는 대륙**이에요. **남극해**라고 불리는 바다로 둘러싸여 있지요.

남극은 **중국과 인도를 합친 것만큼**이나 큰 대륙으로, **전체 면적의 약 98퍼센트가 두꺼운 얼음**으로 덮여 있답니다.

남극은 **연평균 기온이 영하 23도**로, 지구에서 가장 추운 곳이기도 해요. 냉장고의 냉동실 온도가 보통 영하 20도니까 남극이 얼마나 추운지 알겠지요?

1년 내내 춥지만 그중에서도 8월이 가장 추워요. 무려 영하 70도까지 내려간다고 해요. 게다가 바람이 강하고 무척 건조해서 **얼음으로 된 사막**이라고도 부르지요. 이러니 동식물이 잘살 수 있겠어요? **물개**와 **펭귄**, **갈매기** 등의 동물과 몇 종류 안 되는 식물이 전부랍니다.

놀라운 지구이야기 **남극**

남극 바다가 꽁꽁 얼면 배는 어떻게 다니지?

▲ 우리나라 최초의 쇄빙선, 아라온호

꽁꽁 언 남극해에 배가 떠다닐 수 있을까요? 옛날에는 날이 갑자기 추워지면 항해하던 배가 바닥에 얼어붙어, 바다 한가운데에서 얼어 죽는 사람도 있었어요. 그러나 현대에는 얼음을 깨부수고 뱃길을 내는 배, 쇄빙선이 있답니다. 아무리 꽁꽁 언 바다라도 쇄빙선이 있으면 얼마든지 다닐 수 있겠지요?

남극에 우리 나라 과학 기지가?

남극에는 우리나라에서 세운 세종 과학 기지가 있어요. 남극의 자연환경과 자원에 대해 연구하는 곳이지요. 남극에는 아직 오염되지 않은 공기와 바다, 얼음, 그리고 풍부한 자원이 숨겨져 있거든요. 그래서 우리나라뿐만 아니라 세계의 많은 나라에서 남극의 자원을 개발하기 위해 앞다투어 연구하고 있답니다.

한국은 2014년에 추가로 장보고 과학 기지를 세웠어.

▼ 남극 세종 과학 기지 전경

남극을 탐험한 아문센과 스콧 이야기

아문센

스콧

아문센Roald Amundsen(1872~1928)과 스콧Robert Falcon Scott(1868~1912)은 남극을 탐험한 사람들이에요. 아문센은 개 썰매와 적은 수의 대원을 데리고, 1911년 12월 14일에 '세계 최초 남극 탐험가'라는 타이틀을 따낸 탐험가예요. 스콧도 아문센과 비슷한 시기에 남극을 탐험했어요.

남극 정복보다는 과학 연구가 목표였던 스콧! 스콧이 남극점에 도착했을 땐 이미 아문센이 꽂은 노르웨이 국기가 휘날리고 있었어요. 학자들과 과학 장비를 잔뜩 싣고 가느라 '세계 최초'라는 명예는 얻지 못했지요. 게다가 불행하게도 돌아오는 길에 갑작스럽게 떨어진 기온 때문에 눈 덮인 캄캄한 텐트에서 아무것도 없이 8일 동안이나 버텨야 했답니다.

결국 3월 29일, 마지막 일기를 끝으로 스콧은 끝내 눈을 감았어요. 그곳은 베이스캠프*와 불과 18킬로미터 떨어진 곳이었지요.

*베이스캠프 : 등산이나 탐험을 할 때, 본격적인 출발점으로 삼는 거처. 많은 물자를 저장해 둔다.

> 안타깝지만…
> 더는 쓸 수 없을 것 같다.
> 신이시여,
> 우리를 돌봐 주소서.
>
> 1912년 3월 29일
> 스콧

펭귄은 남극의 추위를 어떻게 견딜 수 있을까요?

01 자기들만의 보온 기술로

02 남극에 있는 온천을 즐겨서

03 서로서로 힘을 뭉쳐서

04 집을 따뜻하게 잘 지어서

생각 키우기

펭귄들은 추울 때 한곳에 빽빽하게 모여 서로 온기를 나눠요. 바람이 심하게 불면 한 무리가 쪼르르 앞으로 나가서 다른 펭귄들의 바람막이가 되어 준답니다. 그리고 그 무리가 지칠 때쯤에는 다른 무리가 쪼르르 나가서 교대해 주지요. 이런 **협동심 덕분**에 엄청난 추위에도 살아남을 수 있는 거랍니다.

정답 ❸

GUESS 13 무엇일까요?

- **첫 번째 힌트** ★ 바다 한가운데 있어요.
- **두 번째 힌트** ★ 얼음과 눈으로 덮여 있어요.
- **세 번째 힌트** ★ 지구의 기후를 만들어 내는 곳이에요.
- **네 번째 힌트** ★ 흰곰이 살아요.
- **다섯 번째 힌트** ★ 지구의 북쪽 끝 지역이에요.

결정적 힌트 "(北) 북녘 북, (極) 끝 극"

the North Pole

북
↓
북극

북극

지구 북쪽 끝 지역
북극

　북극은 **지구의 가장 북쪽**으로, 육지가 아니라 북극해의 한 지점이에요. 북극권은 그린란드, 시베리아, 알래스카주, 캐나다, 아이슬란드, 스칸디나비아 반도 등이 둘러싸고 있지요.

　북극해는 **커다란 얼음덩어리**로 덮여 있는데, 대부분 1년 내내 얼어 있지만, 여름이 되면 가장자리가 녹아내리기도 한답니다.

　북극은 하지* 무렵에 태양이 지평선 밑으로 지지 않아 낮처럼 환한 날이 계속되고, 동지* 무렵에는 태양이 지평선 위로 떠오르지 않아 밤처럼 캄캄한 날이 계속돼요.

　북극의 계절에는 변화가 있어서 남극보다 많은 동식물이 살 수 있어요. **북극곰, 북극여우, 바다표범** 외에도 여름이 되면 **철새**나 **순록**, **사슴** 등이 모여들지요.

　풀이 자라고 꽃이 피며 숲이 우거지기도 합니다.

*__하지__: 한여름에 낮이 가장 긴 날. 6월 21일쯤.
*__동지__: 한겨울에 밤이 가장 긴 날. 12월 21일쯤.

▲ 북극 다산 과학 기지 전경

북극에도 우리나라 과학 기지가?

　우리나라는 북극에 관측 기지를 두고 있어요. 바로 다산 과학 기지랍니다. 주로 북극의 자연환경 및 자원을 연구해요. 비록 그곳에 계속 머물며 연구하는 연구원은 없지만, 필요할 때면 언제든지 머무르면서 관측하거나 연구하고 있답니다.

북극곰이 불쌍해!

　사람들이 지구를 함부로 사용하는 바람에 지구 온도가 자꾸 높아지면서 북극의 얼음이 녹고 있어요. 얼음 위에서 쉬거나 먹이를 얻던 북극곰들은 점점 더 생활이 어려워지고 있답니다.

▲ 오로라

왜 극지방에서는 오로라가 잘 보일까?

극지방의 밤하늘에서는 아름다운 빛이 한바탕 춤을 추는 오로라가 나타나요. 오로라는 강력한 태양의 빛 에너지가 지구를 둘러싼 대기의 층에 부딪혀서 일어나는 현상이에요. 지구는 자석의 성질을 띠는데, 극지방의 자기장*이 빛에너지를 강하게 끌어당기기 때문에 극지방에서 오로라가 많이 보이는 거랍니다.

*자기장: 자석의 성질이 작용하는 공간.

지구가 자석이라고?

북극 S

N 남극

지구는 커다란 자석이라고 할 수 있어요. 지구에도 S극과 N극이 있거든요. 북극은 S극, 남극은 N극을 띠지요. 그래서 우리가 나침반으로 방향을 알 수 있는 거예요. S극과 N극은 서로 다른 극을 끌어당기는 성질이 있어서 나침반의 N극은 북쪽을, S극은 남쪽을 가리킨답니다.

지구 온도가 올라가 북극의 빙하가 녹고 있어요. 지구 온도가 올라가는 이유는 **무엇일까요?**

01 지구가 화를 내서

02 지구가 작아져서

03 지구의 모양이 변해서

04 지구가 더러워져서

생각 키우기

지구에는 대기라는 공기층이 있어요. 이 공기층이 태양으로부터 오는 열을 조절해 주는 덕분에 지구는 사람과 동식물이 살기에 알맞은 온도가 되지요. 그런데 **사람들이 쓰는 온갖 물건에서 나쁜 물질이 나와** 대기를 덮어서 대기의 기능을 떨어뜨리고 있어요. 그래서 지구의 온도가 올라가는 '지구 온난화' 현상이 발생하는 거랍니다.

정답 **4**

GUESS 14

무엇일까요?

첫 번째 힌트	★ 몹시 더운 지역이에요.
두 번째 힌트	★ 이곳 주변이 **지구의 허파**!
세 번째 힌트	★ 밀림이 많아요.
네 번째 힌트	★ 원주민이 부족을 이루고 살아요.
다섯 번째 힌트	★ 세계에서 동식물이 가장 많이 살아요.

 결정적 힌트 "세계에서 가장 큰 강!"

Amazon River

아 → ㅇㅁㅈㄱ

아마존강

세계에서 가장 큰 강
아마존강

아마존강은 **세계에서 가장 큰 강**이에요.

길이가 7,062킬로미터에 넓은 곳의 폭이 56킬로미터나 되지요. 서울에서 인천까지가 약 40킬로미터니까 정말 **바다처럼 넓은 강**이지요?

아마존강은 남아메리카의 안데스산맥에서 시작하여 대서양으로 빠져나가요. 그렇게 넓은 바다로 빠져나가는 동안에 남아메리카의 브라질, 베네수엘라, 콜롬비아, 에콰도르, 페루, 볼리비아 등 **여섯 나라**를 거치며 흐른답니다.

또 아마존 우림이라고 불리는 밀림뿐만 아니라 고원 지대와 평원, 그리고 해협까지도 지나요.

본래의 강줄기에서 갈라져 나가는 **샛강만 해도 무려 1,000개**가 넘을 정도랍니다. 바다도 아닌 강의 크기가 이 정도라니, 정말 놀랍지 않나요?

아마존강 유역은 왜 그렇게 유명하지?

아마존강 유역*은 개발되지 않은 마지막 밀림 지대예요. 이곳의 열대 우림에는 아직까지 발견되지 않아 이름도 못 붙인 곤충들이 수두룩하지요. 그만큼 자연이 그대로 보존되어 있어요. 게다가 문명의 혜택을 받지 않아 원시의 풍습을 지닌 원주민들도 많지요. 그래서 사람들은 풍요롭고 신비로운 이곳에 큰 관심을 갖는 거랍니다.

사람들의 욕심 때문에!

유명한 영국의 생물학자 찰스 다윈Charles Robert Darwin(1809~1882)이 처음 아마존강 유역을 방문하면서 이곳에 많은 사람이 들어가기 시작했어요. 학자들은 아마존강 유역을 보존하고 연구만 하려고 했지만, 어떤 사람들은 아마존강 유역의 숲과 동물, 지하자원을 마구 가져다 팔기도 했답니다. 그래서 점차 숲이 줄어들고 동물들은 살 곳을 잃게 되었지요.

*유역 : 강물이 흐르는 주변 지역.

아마존강 유역은 1년 내내 여름?

아마존강 유역은 지구의 정중앙, 적도쯤에 자리 잡고 있어요. 적도란 지구의 중앙을 가로로 지나는 선인데, 공처럼 둥근 지구의 모양 때문에 태양에서 가장 가깝고 수직으로 태양 빛을 받지요. 그래서 1년 내내 여름만 있답니다.

아마존강 유역에 사는 특이한 생물이 아닌 것은 무엇일까요?

01 이빨로 사람을 무는 물고기

02 분홍빛 돌고래

03 사람처럼 말하는 원숭이

04 동물을 잡아먹는 식물

생각 키우기

아마존강 유역에는 무시무시하고 특이한 동식물이 많이 살아요. 강 속에 사는 '피라냐'라는 물고기는 무리를 지어 다니면서 **날카로운 이빨로 동물을 뜯어 먹는데**, 사람도 예외는 아니어서 자칫하면 죽을 수도 있다고 해요. 또 '보토'라는 **분홍색 돌고래**도 살고, **동물을 잡아먹고 사는 식물**도 있답니다.

정답 ❸

GUESS 15 무엇일까요?

- **첫 번째 힌트**: ★ 여러 **물질이 쌓여** 생겨요.
- **두 번째 힌트**: ★ **절벽**에서 주로 볼 수 있어요.
- **세 번째 힌트**: ★ **바위**를 쪼개 보아도 알 수 있어요.
- **네 번째 힌트**: ★ **지구의 과거 모습**을 알 수 있어요
- **다섯 번째 힌트**: ★ **층마다 모양이나 색깔**이 달라요.

결정적 힌트: "지구의 나이를 알 수 있어요!"

Stratum

지 → ㅈㅊ

지층

오랜 시간 쌓여 생긴 층
지층

제주도의 해안가에 있는 **절벽**을 보면, 가로로 길게 **띠 모양**을 하고 있는 **단면**을 볼 수 있어요. 띠마다 굵기도, 색도, 알갱이들의 모양도 다르지요. 이것을 지층이라고 해요.

지층은 **죽은 동식물이나 여러 물질이 오랜 시간 차곡차곡 쌓여서 생긴** 거예요.

모래나 암석으로 이루어진 층도 있고, 죽은 식물이 변하여 만들어진 **석탄층**, 석유가 나오는 **퇴적층** 등 다양한 성질을 지닌 지층이 있지요.

지층은 우리에게 많은 것을 알려 줘요. 지층 속에 들어 있는 여러 **흔적**을 보면 과거에 어떤 생물이 살았는지, 생물이 살았던 시기는 언제인지 알 수 있지요. 또 지금은 사막인 곳이 옛날에는 밀림이었다거나, 지금은 산인 곳이 옛날에는 바다였다는 사실도 알 수 있답니다.

지층의 왕, 그랜드 캐니언!

　미국에 있는 그랜드 캐니언은 세계에서 손꼽힐 만큼 거대한 계곡이에요. 길이가 447킬로미터, 너비가 6~30킬로미터, 깊이도 1,500미터나 된답니다. 콜로라도강의 빠르고 강한 물살이 오랜 시간 동안 자르듯이 깎아 낸 절벽에서는 지층의 단면을 고스란히 볼 수 있지요. 수많은 화석과 온갖 시간의 흔적을 잘 볼 수 있어서 지층을 연구하는 학자들이 가장 좋아하는 계곡이랍니다.

비밀을 푸는 열쇠, 지층!

　남태평양의 이스터섬에는 '모아이'라는 거대한 석상이 늘어서 있어요. 처음 이 섬을 발견한 학자들은 섬 어디에도 석상을 만들 만한 큰 돌이 없다는 것을 알고, 석상이 어떻게 만들어졌는지 무척 궁금해했어요. 그러다가 섬의 중앙에 있는 높은 분화구 안에서 아주 큰 돌들을 발견했어요.

　하지만 그 돌을 어떻게 옮겨 왔는지는 여전히 수수께끼였어요. 당시에는 돌을 옮기려면 나무로 만든 레일과 둥근 바퀴가 필요했는데, 섬에는 나무 한 그루 발견할 수 없었거든요.

　결국 모아이 석상은 세계적인 불가사의가 되고 말았어요. 그런데 지질학자들이 그 비밀을 밝혀냈답니다. 사실 섬에는 나무가 많았다는 사실을 말이에요. 사람들이 석상을 만들 돌을 옮기려고 나무를 다 베어 쓰는 바람에 나무가 모두 사라졌던 거예요. 어떻게 알아냈느냐고요?

　지층을 조사한 덕분이랍니다.

지층이 생기기 전부터 있었던 지구! 그렇다면 지구의 나이는 어떻게 측정할까요?

01 달력을 보고

02 화석을 보고

03 암석의 두께를 보고

04 운석의 나이를 측정해서

생각 키우기

지층을 통해서 알아낸, 지구에서 가장 오래된 암석의 나이는 36억 살이래요. 그럼 암석이 생기기 이전의 지구 나이는 어떻게 측정할까요? **우주에서 떨어진 운석을 측정해서 알아내요.** 태양계에 있는 것들은 같은 때에 만들어졌다고 보기 때문에 우주에서 떨어진 운석의 나이가 45억 살이라서 지구의 나이도 45억 살이라고 생각하는 거랍니다.

정답 ❹

GUESS 16

무엇일까요?

첫 번째 힌트	★ 주로 **땅 밑**에서 발견돼요.
두 번째 힌트	★ **돌**에서 볼 수 있어요.
세 번째 힌트	★ **생물이 살던 시대**를 알 수 있어요.
네 번째 힌트	★ 오래전 사라진 **생물의 모습**을 알 수 있어요.
다섯 번째 힌트	★ **동물의 뼈**가 발견되기도 해요.

결정적 힌트 "공룡 발자국"

Fossil

화
↓
ㅎ ㅅ

화석

돌에 남은 옛 생물의 흔적
화석

　사람이 살기도 전인 아주 오랜 옛날, 지구에는 많은 생물이 살고 있었어요. 공룡, 시조새, 삼엽충, 고사리 등이 그렇지요. 그중에는 지금까지 살아남아 있는 것도 있지만, 오래전에 사라져 자취를 감춘 것도 많답니다.

　화석은 이렇게 오래전에 사라진 생물들의 모습을 알 수 있는 중요한 자료예요.

　생물이 썩어 없어지기 전에 흙이나 돌이 잘 덮이면 수만 년이 지나도 이들의 모습을 그대로 간직하게 되는데, 이렇게 돌에 남아 있는 옛 생물의 흔적을 화석이라고 하지요.

　사람들은 곳곳에 흩어져 있는 화석을 발굴하고 연구해서 옛날에 살았던 생물들의 생생한 모습, 생활, 살았던 시기 등을 알아내요.

　화석은 지구의 과거를 밝혀 주는 아주 중요한 증거랍니다.

놀라운 지구이야기
화석

사람도 화석이 될 수 있을까?

생물이 죽으면 그 위로 흙이 덮여요. 시간이 흐르면서 흙이나 돌이 점점 더 쌓이고, 그것들이 누르는 무게 때문에 돌처럼 단단하게 굳는답니다. 그러면 돌에 죽은 생물의 모습이 그대로 찍혀 화석이 되는 거예요. 사람도 동물이니까 당연히 화석이 될 수 있답니다.

그럼 화석이 만들어지는 과정을 살펴볼까요?

❶ 동물이 죽는다.

❷ 죽은 동물 위로 두껍게 흙이 쌓인다.

❸ 흙이 단단하게 굳으면서 뼈 자국이 남은 바위가 된다.

❹ 땅이 깎이거나 사람들의 발굴로 땅속에 있던 화석이 드러난다.

화석의 나이는 어떻게 알지?

생물이라면 숨을 들이쉴 때 탄소를 마셔요. 탄소는 생명이 살아가는 데 꼭 필요한 원소로, 일정한 시간이 지나면 다른 물질로 변하는 성질을 가지고 있지요. 생물이 호흡을 멈추면 이러한 탄소도 더 이상 마실 수 없게 돼요. 하지만 생물이 죽어도 몸속의 탄소 성분은 그대로 남아 있답니다. 화석이 된다 해도 말이에요. 학자들은 이 화석에 남아 있는 탄소 성분을 측정해서 화석 속 생물이 살았던 시기를 알아낸답니다.

나뭇잎

나뭇잎

나뭇잎

전갈

게

조개

화석으로도 알 수 없는 것이 있어요. 무엇일까요?

01 공룡의 피부 색깔

02 공룡의 이빨 수

03 공룡이 살던 곳

이 주변에 살았군.

04 공룡의 발가락 개수

생각 키우기

생물이 죽으면 피부는 대부분 빠른 시간에 썩어 사라져요. 그래서 **피부색이나 모양은 화석으로 알아내기 어렵지요. 화석이 되는 것은 주로 뼈나 이빨 등 단단한 부분이에요.** 하지만 그렇지 않은 예도 있어요. 곤충처럼 몸집이 작은 생물은 나무의 송진이 굳어서 생기는 호박이라는 보석 속에 갇혀, 살아 있을 때 모습 그대로 남아 있기도 합니다.

정답 ❶

첫 번째 힌트	★ 영어로는 '갤럭시'라고 해요.
두 번째 힌트	★ 우리 **태양계**가 속해 있어요.
세 번째 힌트	★ 『**견우와 직녀**』 이야기에 나와요.
네 번째 힌트	★ **타원** 모양도 있고, **나선** 모양도 있어요
다섯 번째 힌트	★ 수많은 별의 무리예요.

 **결정적 힌트** "푸~른 하늘 ○○수"

Galaxy

은

ㅇㅎ

은하

우주에 빛나는 별 무리
은하

맑은 날, 까만 밤하늘을 올려다보면 수많은 별이 반짝이는 것을 볼 수 있어요. 이렇게 **수많은 별이 무리 지어 있는 것**을 은하라고 해요.

우주에는 수많은 은하가 있어요. 그리고 은하 안에는 수많은 태양계가 존재하지요. 지구가 속한 태양계도 수많은 태양계 중 하나랍니다.

은하는 모양에 따라 **타원 은하, 나선 은하, 불규칙 은하** 등으로 나뉘는데, 우리 태양계가 속한 은하는 나선 은하 중에서도 **막대 나선 은하**예요. 가운데는 막대 모양이고 나선 모양으로 뻗친 2개의 팔 한쪽 끝부분에 우리 태양계가 자리 잡고 있지요.

지구에서 보면 은하의 별들이 마치 하늘에 강이 흐르는 것처럼 보인다고 해서 옛날 사람들은 **은하수**(銀河水)라고도 불렀답니다.

은하를 제일 처음 발견한 사람!

그리스의 유명한 철학자 아리스토텔레스Aristoteles(BC 384~BC 322)가 쓴 『기상학』이라는 책에, 은하를 제일 먼저 발견했다고 기록된 사람은 그리스의 철학자 아낙사고라스Anaxagoras(BC 500년경~BC 428)예요. 그리고 은하가 많은 별로 이루어진 것을 알아낸 사람은 갈릴레오 갈릴레이Galileo Glilei(1564~1642)랍니다. 그는 은하를 연구하기 위해 망원경을 사용했고, 은하가 무수히 많은 희미한 별로 이루어져 있다는 것을 알아냈지요.

은하는 어떻게 생겼을까?

우리 눈으로는 은하의 전체 모양을 볼 수 없지만, 망원경으로 관측한 우리 은하는 막대 모양 중심부와 그 주변에 나선 모양의 팔이 감겨 있는 모습을 하고 있어요.

안드로메다은하처럼 망원경으로 쉽게 볼 수 있는 가까운 은하도 있지만, 아주 멀어서 잘 볼 수 없는 은하도 많답니다. 하지만 은하는 모양도 여러 가지이고 크기도 제각각이지요.

은하는 여러 이름으로 불려요. 다음 중 은하의 이름이 아닌 것은 무엇일까요?

01 미리내

02 천황

03 겨울의 길

04 여름의 길

생각 키우기

우리나라에서는 은하를 '은하수' 혹은 '**미리내**'라고도 불러요. 중국에서는 '**천하**', '**천한**', '**천황**' 등으로 부르고, 일본에서는 '하늘의 강'이라고 불러요. 인도에서는 '하늘의 갠지스강', 우랄 지방에서는 '새들의 길', 스웨덴에서는 '**겨울의 길**'이라고 부른답니다.

정답 ❹

GUESS 18

무엇일까요?

첫 번째 힌트	★ 스스로 움직여요.
두 번째 힌트	★ 맑은 날에 잘 보여요.
세 번째 힌트	★ 지구에서 아주 멀리 있어요.
네 번째 힌트	★ 밤하늘에서 보여요.
다섯 번째 힌트	★ 스스로 빛을 내요.

 **결정적 힌트** "반짝반짝 작은 ○~♪"

Star

星

ㅂ

별

 스스로 빛을 내는 항성

별

"반짝반짝 작은 별, 아름답게 비치네~."

노래에서 말하듯, 흔히 밤하늘에 반짝반짝 빛나는 것을 모두 별이라고 불러요. 그런데 사실, 별은 **스스로 타면서 빛을 내는 항성**만을 말해요.

지구, 금성, 목성 등 태양의 빛을 반사하여 빛을 내는 것은 '행성'이라고 한답니다.

과학자들은 **별빛**을 이용해서 **지구와 별의 거리를 측정**했어요. 우리가 눈으로 볼 수 있는 별은 모두 6,000개 정도인데, 지구에서 가장 가까운 별은 태양이에요. 그다음은 켄타우루스자리의 **프록시마**라는 별로, 4.3광년 정도 떨어져 있답니다. 하지만 **1광년**은 **빛의 속도로 1년 동안 가야 하는 거리**니까, 가까운 별이라 해도 실제로는 우리가 상상도 못할 만큼 먼 거리지요.

지구는 별이다? 아니다?

지구와 달은 별이 아니에요. 태양만 별이라고 부르지요. 별은 스스로 빛을 내는 것으로 '항성' 또는 '붙박이별'이라고도 불러요.

'밤하늘의 별 따기'보다 어려운 '별 세기'

우주의 별은 셀 수도 없고, 다 알 수도 없어요. 은하 하나에 보통 1,000억 개의 별이 있다고 하는데, 우주에는 은하가 또 1,000억 개 정도 있다고 하니까 모두 합하면 계산하기가 쉽지 않겠지요? 게다가 별은 해마다 늘어난다고 하니 도저히 다 셀 수가 없어요.

- 행성은 스스로 빛을 내지 못해요. 항성의 빛을 반사해서 빛나지요. 항성 주위를 돌아서 '떠돌이별'이라고도 불러요.
- 위성은 행성 주위를 도는 것으로 항성의 빛을 반사해서 빛이 나요.

별똥별은 뭐지?

별똥별은 사실 별이 아니에요. 우주에 있던 물질이 지구의 중력에 이끌려 빨려 들어오는 거지요. 이 물질은 지구의 대기에 들어올 때 공기와 마찰하여 빛을 낸답니다. 별똥별의 정식 명칭은 '유성'이에요.

보통 유성은 떨어질 때 공기와 마찰하여 전부 사라지는데, 다 타 버리지 않고 지구에 떨어지는 경우도 있어요. 이것을 '운석'이라고 해요.

별이 스스로 빛을 내는 것은 무엇 때문일까요?

01 수소 기체를 내뿜어서

02 달빛이 반사되어서

03 너무 잘생겨서

04 X선을 내뿜어서

생각 키우기

태양과 같은 별들은 스스로 태우면서 빛을 낸답니다. 이런 뜨거운 별의 중심부는 주로 **수소 기체로 이루어져 있어요.** 수소가 핵융합을 하면 헬륨으로 바뀌는데, 이 과정에서 엄청난 양의 에너지가 발생하고 빛이 나오는 거예요.

정답 ❶

GUESS 19

무엇일까요?

- **첫 번째 힌트** ★ 돌의 하나예요.
- **두 번째 힌트** ★ 우주를 떠돌던 작은 물체예요.
- **세 번째 힌트** ★ 불을 일으키기도 해요.
- **네 번째 힌트** ★ 떨어지면 커다란 구덩이가 생겨요.
- **다섯 번째 힌트** ★ 공룡이 멸종한 이유라고 보기도 하죠!

결정적 힌트 "우주에서 떨어져요."

Meteorite

운

ㅇㅅ

운석

우주에서 떨어진 조각
운석

우주에는 소행성이나 혜성에서 떨어져 나온 조각들이 떠돌아다녀요. 이 조각들이 지구의 중력에 의해 끌려오는데, 이때 대기와 심하게 마찰해서 불타며 빛을 내요. 이것을 유성 혹은 별똥별이라고 해요.

유성은 대부분 다 타 버리지만, 크기가 제법 크거나 단단한 물질로 이루어진 조각은 타고 남아 땅으로 떨어져요. 바로 이것이 운석이에요.

운석은 엄청난 속도로 떨어지기 때문에 운석이 떨어진 곳은 땅이 움푹 파이거나 주변에 불이 나지요. 어떤 학자들은 지구상에서 공룡들이 갑자기 사라진 이유가 한꺼번에 수많은 운석이 지구에 떨어졌기 때문이라고 주장하기도 한답니다. 세계적으로 지금까지 발견된 운석은 수만 개에 이르러요. 그리고 또 앞으로 우주로부터 얼마나 많은 운석이 더 떨어질지 알 수 없답니다.

놀라운 지구이야기
운석

운석이 돌과 다른 점은 무엇일까?

운석은 대기권을 통과하면서 높은 열에 탔기 때문에 대체로 표면이 유리처럼 빛나고 만지면 매끄러워요. 또 대기권으로 들어올 때 마찰이 일어나서 마치 엄지손가락으로 꾹꾹 누른 듯한 자국이 남기도 해요. 하지만 전문가가 아니면 운석과 돌을 구별하기가 쉽지 않답니다.

운석

돌

우리나라에도 운석이 떨어졌을까?

우리나라에서 발견된 운석은 지금까지 모두 6개라고 알려져 있어요.
그중 3개는 기록만 있고 실제 운석은 확인되지 않았어요.
두원 운석은 한국지질자원연구원에서, 가평 운석은 국립중앙과학관에서, 진주 운석은 개인이 보관하고 있답니다.

운석이 공룡을 멸종시켰다고?

 1987년, 멕시코 주변에서 백악기 말쯤에 지구로 떨어진 것으로 보이는 운석이 한꺼번에 많이 발견되었어요. 이 정도로 많은 운석이 지구에 부딪혔다면 지구 곳곳에 엄청난 웅덩이가 생기고 폭발이 일어났을 거예요. 그런데 마침 운석이 떨어진 시기와 지구상에서 공룡이 사라진 시기가 비슷하여 일부 학자들은 공룡의 멸종 이유를 지구와 운석의 충돌 때문이라고 주장하고 있답니다.

유성은 대기와 부딪히면 **왜 탈까요?**

01 지구가 뜨거워서

02 마찰열이 일어나서

03 운석이 뜨거워서

04 서로 성질이 안 맞아서

생각 키우기

지구를 둘러싼 대기에는 많은 산소가 포함되어 있어요. 지구에 유성이 빠른 속도로 날아들어 오면 **대기권과 유성이 서로 부딪히게 되는데, 이 마찰 때문에 높은 열이 발생해요.** 이 열과 대기권에 있던 산소의 작용으로 유성이 불타는 거랍니다. 그리고 이 유성이 다 타지 않고 지구에 떨어진 것이 운석이지요.

GUESS 20

무엇일까요?

첫 번째 힌트	★ 공기의 흐름이에요.
두 번째 힌트	★ 땀을 식혀 줘요.
세 번째 힌트	★ 연이 날 때 필요해요.
네 번째 힌트	★ 더울 때도 불고, 추울 때도 불어요.
다섯 번째 힌트	★ 선풍기에서도 나와요.
결정적 힌트	"○○ 솔솔 불어오는 산에 올라가~♪"

Wind

바
↓
ㅂㄹ

공기의 움직임
바람

바람은 공기의 움직임이에요. 공기는 압력*이 높은 곳에서 낮은 곳으로 움직이게 되는데, 이런 공기의 움직임을 바람이라고 한답니다.

압력의 차이가 크면 클수록 바람은 빨라지고 강해져요. 그래서 태풍을 일으키기도 하고, 커다란 파도를 만들어 배를 뒤집기도 하지요. 또 돌풍이라고 부르는 회오리바람이 되어 집을 망가뜨리거나 황소를 하늘 높이 날려 버리기도 하지요.

반대로 바람은 좋은 일에 쓰이기도 해요.

풍차를 돌려 곡식을 빻기도 하고, 기구를 들어 올려 하늘을 여행할 수 있게 하지요. 전기를 만들어 내는 풍력 발전소, 열을 식히는 냉각기, 물 위를 떠다니는 돛단배 등도 모두 바람의 힘 덕분이랍니다.

*압력 : 물체와 물체가 서로 수직으로 미는 힘.

토네이도가 나가신다! 길을 비켜라!

지름*은 짧지만 매우 빠르게 돌며 소용돌이를 일으키는 강렬한 폭풍이 있어요. 미국에서 종종 일어나는 회오리바람, 토네이도예요. 토네이도는 땅에 박혀 있는 나무도 뿌리째 뽑아 공중으로 들어 올릴 수 있고, 기차나 비행기 같이 크고 무거운 물체도 쉽게 뒤집을 수 있어요. 빠르게 돌며 이동하는 토네이도의 모습이 깔때기처럼 생겨서 '깔때기 구름'이라 불리기도 한답니다.

*지름 : 원, 또는 구의 중심을 지나는 직선.

바람 없는 곳이 있을까?

북쪽에서 부는 바람과 남쪽에서 부는 바람이 서로 마주치는 곳에서는 바람이 불지 않아요. 옛날에 돛단배로 항해하던 뱃사람들은 이곳을 '무풍지대(바람이 없는 지역)'라 부르며 피해 다녔답니다. 이곳에 들어서면 바람이 통 불지 않아 배가 앞으로 나아가지 못했기 때문이에요.

바람은 조각가!

바람이 불어오는 계곡이나 절벽에서는 바람에 의해서 여러 모양으로 깎인 지형을 볼 수 있어요. 또 높은 산봉우리에는 바람에 의해 부드럽게 깎이고 닳은 바위들이 많지요. 그런가 하면 사막에서는 바람이 지평선의 모양을 바꾸기도 한답니다.

중국 마귀성의 모습

마치 사람이 조각한 듯한 모래 기둥

옛날 뱃사람들은 바람 중에서도 무역풍을 좋아했대요. 그 이유가 무엇일까요?

01 한 방향으로만 부니까

02 무역할 때 부는 바람이니까

03 바람의 방향이 자주 바뀌니까

04 약한 바람이니까

생각 키우기

무역풍은 북반구에서는 북동풍, 남반구에서는 남동풍이 되어 적도를 향해 부는 강한 바람이에요. **무역풍은 항상 한 방향으로만 불어요. 옛날 뱃사람들은 항해할 때 무역풍에 많이 의지**했다고 해요. 무역풍이 부는 때에 맞추어 항해를 계획해야 편하고 안전한 항해를 할 수 있었기 때문이지요.

정답 ❶

GUESS 21 무엇일까요?

첫 번째 힌트	★ 하늘에서 내려요.
두 번째 힌트	★ 먹구름과 친해요.
세 번째 힌트	★ 물이에요.
네 번째 힌트	★ 장마철에 많이 볼 수 있어요.
다섯 번째 힌트	★ 이슬○, 장대○, 가랑○

결정적 힌트 "우산이 필요해요."

Rain

雨

↓

ㅂ

수증기가 물방울 되어 떨어짐

비

 따뜻한 공기가 하늘 높이 올라가 찬 공기를 만나면 식어서 물방울이 돼요. 이 물방울이 하나둘 모여 크고 무거워지면 땅으로 떨어지는데 이것이 비랍니다.

 비가 생기는 원리는 우리 주변에서도 쉽게 확인할 수 있어요. 뜨거운 물을 유리컵에 반쯤 담고 가벼운 종이로 입구를 덮어 놓으면, 조금 뒤에 입구 앞에서 송골송골 물방울이 맺히는 걸 볼 수 있을 거예요. 유리컵 안에 있던 뜨거운 수증기가 식으면서 물방울이 된 거지요.

 주로 쌀농사를 짓던 우리나라 사람들에게는 비가 무척 중요했어요. 쌀농사에는 물이 꼭 필요하거든요.

 그런데 비가 너무 적게 내려도, 너무 많이 내려도 문제잖아요? 그래서 비의 양을 재는 측우기를 만들거나 물을 모아 두는 둑을 쌓아서 가뭄과 홍수에 대비하였답니다.

놀라운 지구이야기
비

비에도 종류가 있다고?

사람들은 비가 내리는 모양이나 시기 등을 보고 각각 이름을 붙여 다르게 표현했어요.

 장맛비
여름철에 여러 날 계속해서 내리는 비로, 장마 때 내리는 비예요.

 뇌우
천둥, 번개와 같이 내리는 비예요.

 보슬비
바람 없는 날에 가늘고 조용히 내리는 비예요.

 이슬비
아주 가늘게 내리는 비. 는개보다 굵고 가랑비보다는 가는 비예요.

 는개
안개비보다는 조금 굵고 이슬비보다는 가는 비예요(늘어진 안개라는 뜻).

 안개비
빗줄기가 가늘어서 안개처럼 뿌옇게 보이는 비예요.

 소나기
갑자기 세차게 쏟아지다가 곧 그치는 비예요.

 가랑비
이슬비보다는 좀 굵지만 가늘게 내리는 비예요.

집중호우
한 지역에서 짧은 시간 동안 많은 양이 내리는 비!

후드득후드득 하늘에서 얼음이 떨어진다!

우박(雨雹)은 차가운 물방울이 얼어서 땅으로 내리는 비예요. 종종 농작물이나 건물 등에 피해를 일으키곤 하지요. 실제로 큰 우박이 내려서 사람과 소가 맞아 죽은 적도 있다고 해요.

세계 최초로 비의 양을 측정한 측우기!

측우기는 1441년, 세종 대왕이 과학자들과 함께 비의 양을 재기 위해 만든 기구예요. 비의 양을 재는 기구로는 세계에서 가장 처음 만들어진 것이랍니다. 눈금 표시가 된 원통 모양의 그릇에 일정 기간 비를 받아 그 안에 고인 빗물의 깊이로 비의 양을 재었답니다.

▼ 측우기

진눈깨비란 무엇일까요?

01 도깨비방망이 모양의 눈

02 내리다가 갑자기 사라지는 비

03 비와 눈이 섞인 것

04 겨울에 내리는 비

생각 키우기

진눈깨비는 빗방울이 기온이 낮은 공기층을 만나 얼었을 때 내리기도 하고, 눈송이가 부분적으로 녹아서 내리다가 기온이 낮은 공기층을 만나 다시 얼어서 내리기도 해요. 그래서 **비와 눈이 섞인 형태**를 띠고 있지요.

첫 번째 힌트	★ 눈에 보이지 않아요.
두 번째 힌트	★ 나라마다 달라요.
세 번째 힌트	★ 되돌릴 수 없어요.
네 번째 힌트	★ 하루를 24로 나누어요.
다섯 번째 힌트	★ 째깍째깍 째깍째깍

 "시계를 보면 알 수 있어요."

Time

시간

시각 사이의 간격
시간

 지구의 낮과 밤은 지구가 스스로 도는 자전 때문에 생긴답니다. 예를 들어 우리나라가 태양을 마주 볼 때는 빛을 바로 받으니까 낮이고, 지구가 돌아서 태양을 등지면 밤이 되는 거지요.

 이렇게 지구가 스스로 한 바퀴 도는 데는 하루, 즉 1일이 걸려요. **하루**는 다시 **24시간**으로 나뉘고, **1시간**은 **60분**으로, **1분**은 **60초**로 나뉘어요. 이런 시간 계산법은 **태양을 기준**으로 재었다고 하여 **태양력**이라고도 한답니다.

 그런데 지구가 한 바퀴 도는 데 딱 24시간이 걸리는 건 아니에요. 아주 조금씩이지만 꾸준히 느려지거든요. 그래서 국제적으로 이를 조정하는 **협정세계시**라는 표준시를 만들었어요. 6월이나 12월의 마지막 1분을 61초가 되게 하는 거랍니다.

나라마다 시간이 다른데 어떻게 시간을 정하지?

우리나라와 반대편에 있는 나라는 우리와 낮과 밤이 반대예요.

우리가 태양을 마주하는 낮일 때 반대편은 태양을 등지는 밤일 테고, 우리가 태양을 등지는 밤일 때 반대편은 태양을 마주하는 낮일 테니까요. 지구에서 어디에 위치하느냐에 따라 각각 하루의 시간대는 달라진답니다.

이렇게 달라지는 시간대 때문에 지역별 시간을 정하기 위한 기준선이 필요했어요. 그래서 영국 런던의 그리니치 천문대 중앙을 지나는 선을 0시로 정하고, 그 선을 '본초 자오선'이라고 한답니다.

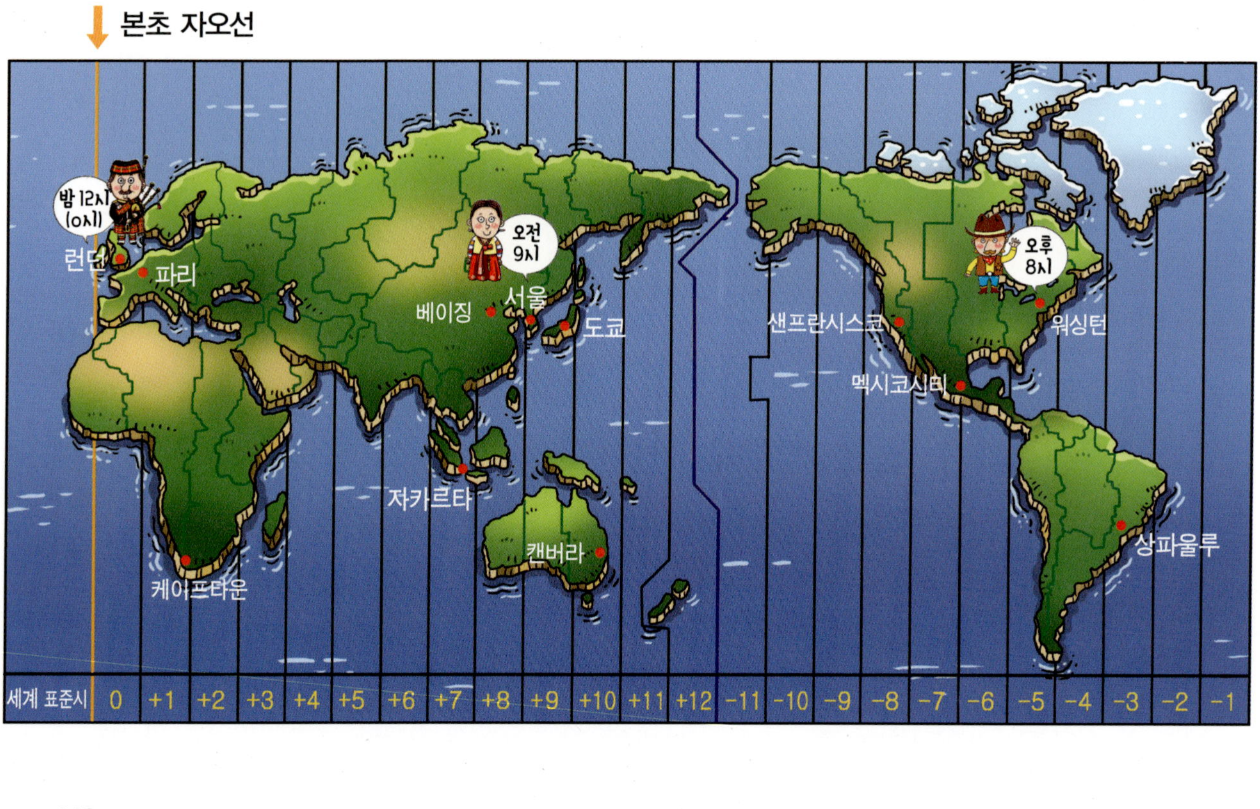

↓ 본초 자오선

옛날에는 어떻게 시간을 알았을까?

시계가 없던 옛날에는 어떻게 시간을 알았을까요?
시계가 없던 시절, 사람들이 어떻게 시간을 쟀는지 알아볼까요?

모래시계
4~16세기까지 사용된 시계로, 장구 모양의 유리그릇 위쪽에 모래를 넣은 뒤, 모래가 가운데 좁은 구멍을 지나 아래쪽으로 흘러내리는 것으로 시간을 재었어요.

물시계
바닥에 작은 구멍이 있는 그릇에 물을 채워, 일정한 양의 물이 빠져나갈 때마다 안쪽에 있는 눈금으로 시간을 재었어요. BC 1400년경, 이집트에서 쓰던 방식이에요.

불시계
한 물질은 타는 데 걸리는 시간이 같다는 원리를 이용하여 시간을 재었어요.

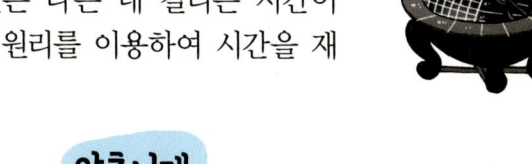

해시계
해의 움직임에 따른 그림자의 위치 변화로 시간을 재었어요.

양초시계
초가 타서 닳는 것으로 시간을 재었어요.

램프시계
램프 속 기름이 타서 없어지는 것으로 시간을 재었어요.

▼ 해시계

우리가 바라보는 북극성의 모습은 430년 전의 모습이래요. 이유는 무엇일까요?

01 너무 멀어서

02 시간이 빨리 흘러서

03 지구가 빨리 돌아서

04 북극성이 빨리 움직여서

생각 키우기

우리가 바라보는 태양은 사실 8분 20초 전의 모습이랍니다. 왜냐하면, 태양과 지구의 거리가 멀어 태양 빛이 지구까지 날아오는 데 8분 20초나 걸리기 때문이지요. 북극성도 마찬가지예요. **북극성은 너무 멀리 있어서 북극성의 별빛이 지구에 도달하기까지는 430년이나 걸린답니다.**

정답 ❶

GUESS 23

첫 번째 힌트	★ **우주의 중심**이에요.
두 번째 힌트	★ 지구에서 **가장 가까운 별**이에요.
세 번째 힌트	★ <u>스스로</u> 빛을 내요.
네 번째 힌트	★ 빛이 **지구를 따뜻하게** 해 줘요.
다섯 번째 힌트	★ (太) 클 태, (陽) 볕 양!

결정적 힌트: "밤에는 달, 낮에는?"

Sun

태

ㅌ ㅇ

태양

지구에서 가장 가까운 별
태양

태양은 지구에 꼭 필요한 아주 중요한 **별**이랍니다. 왜 그럴까요?

먼저, 지구 전체에 **따뜻한 기후**를 만들어 줘요. 그리고 식물이 **광합성***을 하여 산소를 뿜어낼 수 있도록 **빛**을 비추어 주지요. 식물이 뿜어낸 산소 덕분에 지구는 **생명이 살기 좋은 환경**을 유지하는 거랍니다. 그래서 태양이 지구에서 조금이라도 멀어지거나 크기가 변하면, 지구의 생명체는 모두 죽고 말 거예요. 태양의 아주 작은 변화에도 지구의 생명은 위험에 처할 수 있는 거지요.

태양은 지구가 이리저리 우주를 떠돌지 않게 붙잡아 주기도 해요. 태양의 **만유인력**이 태양계에 있는 여러 행성들이 태양 주변을 돌게 하는데, 지구도 그중 하나이기 때문이랍니다.

*광합성 : 녹색 식물이 태양의 빛을 받아 이산화탄소와 수분으로 유기물을 만드는 과정.

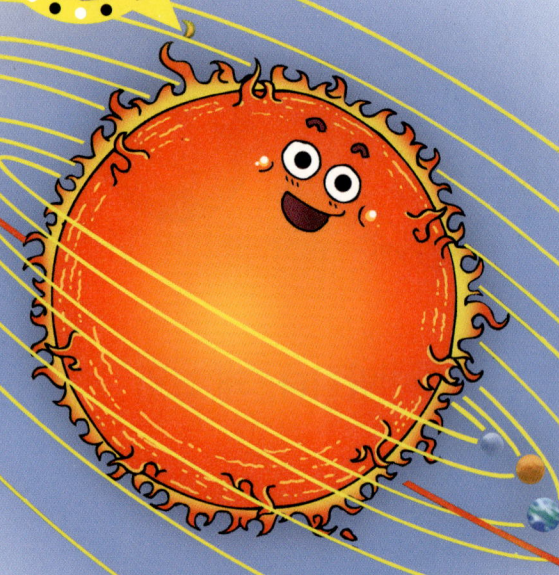

태양은 움직일까?

흔히 태양은 움직이지 않고 태양 주변의 행성들만 움직인다고 생각해요. 그런데 태양 역시 스스로 자전을 하고, 우리 은하계의 바깥 부분에서 커다랗게 공전을 한답니다.

태양이 자꾸만 커져!

태양은 점점 부풀어 오르고 있어요. 과학자들은 태양이 계속 부풀어 올라 6억 년 정도가 지나면 지구에서 생명이 살 수 없을 거라고 말해요. 그때가 되면 지구도 수성처럼 대기가 없는 행성이 될 거라나?

태양을 삼킨 달? 일식!

일식은 달이 태양의 일부나 전부를 가리는 현상이에요. 태양과 지구 사이에 달이 일직선으로 놓이면 일어나지요. 지구와 태양 사이에 달이 놓이는 때는 종종 있지만, 일직선을 이루어서 태양을 가리는 때는 드물답니다.

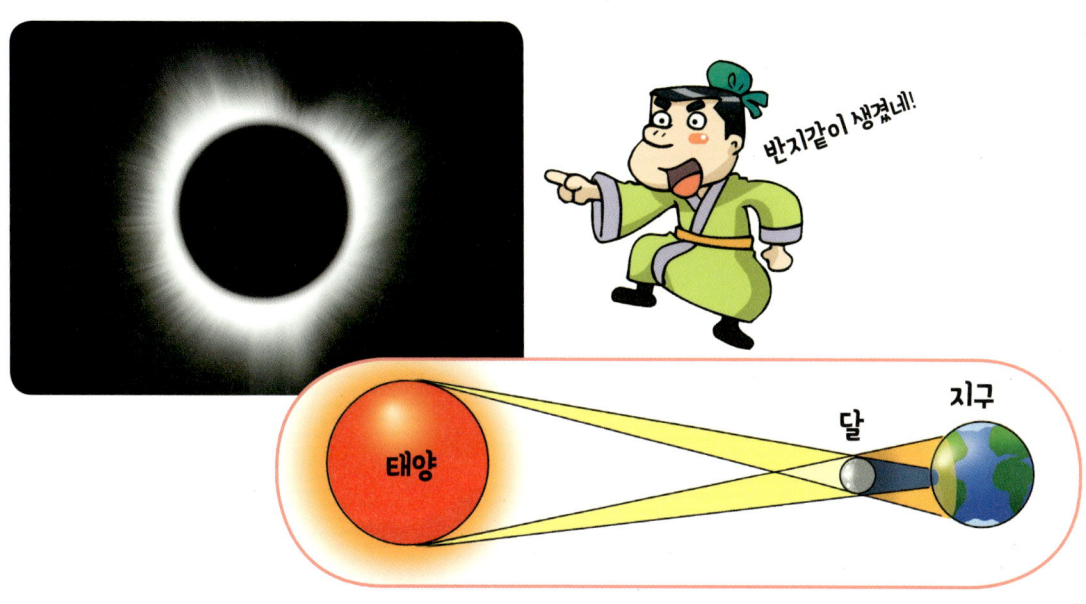

반지같이 생겼네!

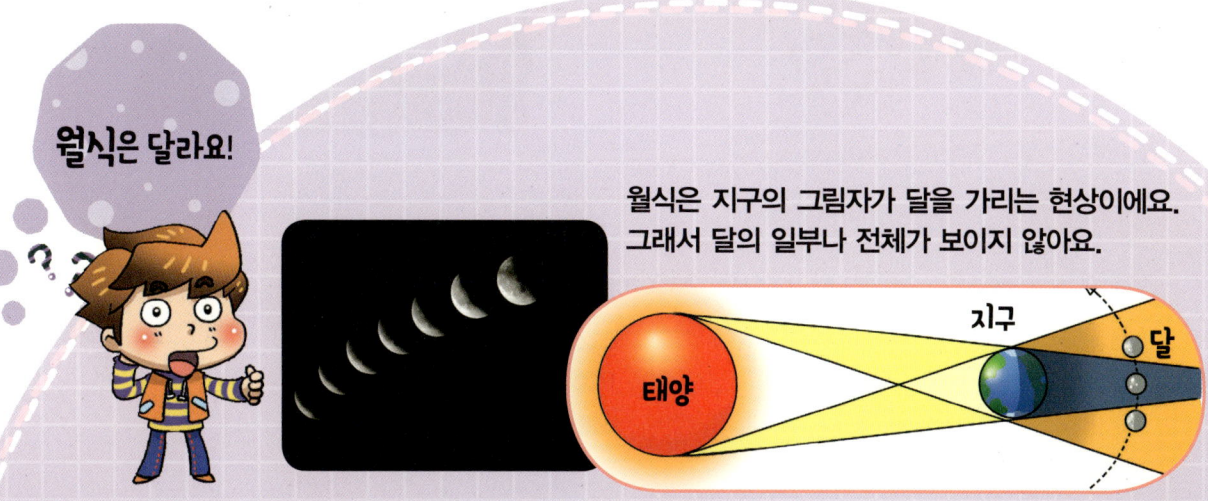

월식은 달라요!

월식은 지구의 그림자가 달을 가리는 현상이에요. 그래서 달의 일부나 전체가 보이지 않아요.

태양풍은 무엇일까요?

01 태양에서 나오는 빛

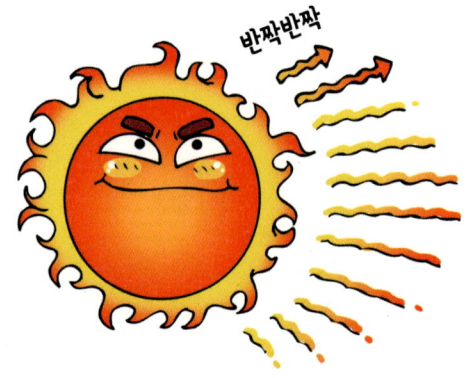

02 낮에 부는 바람

03 태양이 뿜는 에너지의 흐름

04 밤에 부는 바람

생각 키우기

태양풍은 **뜨거운 태양에서 나오는 높은 에너지의 흐름**을 말해요. 우리가 사는 지구는 지구 자기장에서 만들어 낸 자기권이라는 막으로 둘러싸여 있어요. 자기권은 우주에서 오는 해로운 방사선을 막아 주지요. 그런데 태양풍이 지구를 덮치면 지구 자기장에 큰 변화가 생겨 전자 기기나 통신 시설이 망가지거나 완전히 멈춰 버리기도 하지요.

정답 ❸

GUESS 24

무엇일까요?

첫 번째 힌트	★ 홍수가 나요.
두 번째 힌트	★ 지진 때문에 일어나요.
세 번째 힌트	★ 폭풍 때문에 일어나기도 해요.
네 번째 힌트	★ 높은 산으로 올라가야 안전해요.
다섯 번째 힌트	★ 바닷물이 육지까지 넘쳐 들어와요.

결정적 힌트: "쓰나미!"

Surge

해 → ㅎㅇ

해 일

해수면이 높아져 넘치는 현상
해일

해일은 여러 이유로 바닷물이 높아져 육지까지 넘쳐 들어오는 것을 말해요.

태풍이나 **저기압** 때문에 일어나는 해일을 **폭풍 해일**, **지진**이나 **화산 폭발** 때문에 일어나는 해일을 **지진 해일**이라고 해요. 또 지진 해일 중에는 **빙하가 무너지고 깨지며** 일어나는 해일이 있는데, 이것을 **얼음 해일**이라고 해요. 1960년대 미국의 알래스카에서 일어난 얼음 해일은 높이가 무려 250미터나 되었답니다.

높아진 바닷물이 육지를 덮치면 건물이 무너지고 사람들이 다치거나 죽는 등 피해가 커요. 그래서 바다에 접해 있거나 지진이 잦은 나라에서는 해일이 올 것을 미리 알려 주는 관측 장비를 바다에 설치하지요. 곧 해일이 닥친다는 경보가 울리면 산꼭대기처럼 무조건 가장 높은 곳으로 달아나야 안전하답니다.

놀라운 지구이야기
해일

해일은 왜 생길까?

바다에서 일어나는 무시무시한 해일은 왜 생기는 걸까요?
해일이 생기는 원인에 대해서 알아볼까요?

태풍

태풍 때문에 바다의 수면이 높아져 육지를 덮쳐요.

빙하

바다에 빙하가 떨어질 때의 충격 때문에 생겨요.

화산 폭발

바닷속에서 화산이 터지면 폭발이 옆으로 퍼지면서 파도가 생겨 육지를 덮쳐요. 또 화산이 폭발하면 땅속에 있던 물질이 하늘 높이 튕겨 올랐다가 다시 바다로 떨어지는데, 이때 바다에 떨어진 충격이 강할수록 강한 해일이 몰려오는 거랍니다.

쓰나미가 해일이야?

지진 해일의 또 다른 이름이 쓰나미예요. 해양 지각 아래 50킬로미터 이내의 깊이에서 일어나는데, 바닷속의 땅이 무너지거나 화산이 폭발하면서 일어난답니다.

일본에서 일어난 무시무시한 쓰나미!

2011년 3월 11일, 일본의 북동쪽 해안에 규모 9의 해저 지진이 일어났어요. 이 지진에 이어 해안을 덮친 쓰나미의 높이는 무려 37.9미터나 되었답니다. 많은 집이 부서지고 수많은 사람이 피해를 입었어요. 일본에서 일어난 최고의 쓰나미는 1896년에 일어난 것으로 높이가 38.2미터라고 기록되어 있답니다.

지진 해일을 뜻하는 쓰나미는
어느 나라 말일까요?

01 미국

02 한국

03 러시아

04 일본

생각 키우기

쓰나미는 **일본 말로, 한자로는 '진파(津破)'라고 써요. 선착장에 파도가 밀려온다**는 뜻이지요. 바다에서 육지로 무섭게 밀려드는 쓰나미의 특징 때문에, 어떤 강력한 현상에 대해 "쓰나미가 몰려온다."라고 말하기도 해요.

정답 ❹

GUESS 25

무엇일까요?

- **첫 번째 힌트** ★ 땅에 묻혀 있어요.
- **두 번째 힌트** ★ 금, 은, 철, **석유, 석탄** 등이 있어요.
- **세 번째 힌트** ★ **연료**로 쓰여요.
- **네 번째 힌트** ★ 물건 만들 때 쓰여요.
- **다섯 번째 힌트** ★ 자꾸만 줄어들어요.

결정적 힌트 "아껴 써야 해요."

Underground resources

지

ㅈㅎㅈㅇ

지하자원

땅속의 쓸모 있는 자원
지하자원

  지하자원이란 우리 생활에 도움을 주는 쓸모 있는 물질로, 땅속에 묻혀 있는 것을 말해요.

  지하자원의 종류는 아주 다양해요.

  먼저, **금·은·철·구리·니켈·아연** 등과 같은 금속들이 대표적인 지하자원이지요. 이들은 각종 도구의 **재료**나 **원료**로 쓰이며 **광물 자원**이라 부르기도 해요.

  시멘트의 원료나 건물 등을 지을 때 쓰이는 **석회암**, 보석으로 쓰이는 **수정**이나 **다이아몬드** 등도 모두 귀한 지하자원이에요.

  또 에너지로 쓰이는 지하자원으로 **석유**, **석탄**, **천연가스** 등이 있는데, 과거에 땅에 묻힌 생물체가 열에 의해 변화된 것으로 **화석 연료**라고 하지요. 현대에 와서는 **지하수**도 지하자원의 하나로 여기고 있답니다.

화석 연료란?

아주 오랜 옛날에 살던 생물이 땅속에 묻혀 화석같이 굳어진 지하자원 중에서 연료로 쓸 수 있는 물질을 화석 연료라고 해요.

석유는 어떻게 만들어질까?

석유(石油)는 말 그대로 돌에서 나는 기름이에요. 생물이 땅속에 묻혀서 오랜 시간에 걸쳐 퇴적암을 만들어 내고, 이 퇴적암에서 석유가 나오는 거예요. 이 퇴적암에 들어 있는 유기물이 분해되어 케로겐이라는 물질이 되고, 이것이 열과 압력을 받으면 석유가 된답니다.

석유는 왜 중동에서 많이 나는 걸까?

　석유가 나오려면 땅속 깊은 곳에 석유가 들어 있는 퇴적암이 있어야 해요. 사우디아라비아, 이라크, 이란 같은 중동 지역은 공룡이 살았던 중생대 때 거대한 초원이었어요. 그런데 지각 변동으로 수많은 생물이 땅속 깊은 곳에 묻혔고, 이것이 석유가 든 퇴적암이 되었답니다.

지하자원을 아끼는 방법이 아닌 것은 무엇일까요?

01 필요 없는 전등은 끈다.

02 난방 대신 옷을 도톰하게 입는다.

03 통나무로 집을 짓는다.

04 수돗물을 아낀다.

생각 키우기

지하자원은 우리 생활과 관계가 깊답니다. 우리가 사용하는 물건 하나하나가 모두 지하자원을 소비하면서 만들어지거든요. 전기, 수도, 난방이 모두 그렇답니다. **통나무를 쓰는 것은** 현재 지구에 남아 있는 **자원을 소비하는 일**이니깐 지하자원을 아끼는 방법이 될 수 없겠지요?

정답 ❸

첫 번째 힌트	★ 넓고 길게 흐르는 큰 물줄기예요.
두 번째 힌트	★ 물고기들이 살아요.
세 번째 힌트	★ 너비보다 길이가 길어요.
네 번째 힌트	★ 높은 곳에서 낮은 곳으로 흘러요.
다섯 번째 힌트	★ 바다로 흘러가요.

 결정적 힌트 "한강, 낙동강, 두만강…"

River

江

ㄱ

강

넓고 길게 흐르는 큰 물줄기
강

산업이 발달하기 오래전, 강은 사람이 생활하는 데 아주 중요한 역할을 했어요. 인류의 문명*이 모두 강을 중심으로 시작한 것만 보아도 알 수 있지요.

사람들이 농사를 짓기 시작하면서는 농사를 짓는 데 중요한 물을 구하기 위해 강가에 자리를 잡고 살게 되었어요. 또 강은 적의 침입을 받았을 때 중요한 방어선이 되어 주었기 때문에 사람들은 점점 더 강가로 모여들었어요. 그렇게 마을을 이루고, 마을이 커져서 거대한 도시가 된 거예요. 지금도 오래된 도시 중에서 강이 흐르지 않는 곳은 없지요.

사람뿐 아니라 식물이나 동물도 마찬가지예요. 땅에 사는 모든 동물과 식물이 살아가는 데는 담수*라 불리는 강물이 꼭 필요하지요.

*문명 : 사람이 물질적, 정신적, 문화적, 사회적으로 이룩한 발전.
*담수 : 강이나 호수처럼 소금기가 없는 물로, 민물이라고도 한다.

놀라운 지구이야기
강

강이 하는 일!

강은 가정에서 생활하거나 공장에서 물건을 만들 때 필요한 물을 줘요. 또 산에서 흘러 내려오며 여러 영양분을 바다로 옮기기도 해요. 가뭄이나 홍수를 예방하는 데 쓰이기도 하지요. 무엇보다 사람에게 마실 물을 주고, 물고기가 살 수 있는 터전이 된답니다.

세계 4대 문명의 발상지!

세계에서 가장 먼저 문명을 발달시킨 네 곳을 '세계 4대 문명의 발상지'라고 해요. 메소포타미아 문명, 인더스 문명, 황허 문명, 이집트 문명으로, 각각 지금의 아라비아 지역과 인도, 중국, 이집트 지역이지요. 이곳에는 공통점이 있는데, 모두 강이 있다는 점이에요.

이집트 문명
물을 끌어다 쓴다는 생각을 왜 못했지? 상수도와 하수도를 만들어야지!

메소포타미아 문명
먹고살 만하니까 싸우기는! 법을 만들어야겠어!

인더스 문명
물이 왜 이렇게 자꾸 넘쳐? 하늘을 보고 비 오는 시기를 알아야겠어!

황허 문명
여긴 내 땅인데! 문자로 내 땅이라고 써 놔야 알겠군!

대한민국을 대표하는 강? 나야, 나!

중부를 가로지르는 강이에요. 한때 도시가 발달하면서 더러워졌지만, 이제는 깨끗하게 정비해서 물도 맑아지고 주변에 공원도 생겨서 '서울' 하면 빠질 수 없는 명소이지요.

영남 지방 전체를 흐르며 남해로 흘러들어요. 하구에 있는 을숙도는 갈대가 많이 자라고 철새들의 도래지로도 유명하지요.

금강은 '비단 금(錦)' 자를 써요. 비단 강이라는 뜻이에요. 그만큼 아름다운 절경을 가지고 있고, 주변에 백제 문화의 명소가 많이 있답니다.

고려 시대에 일본 해적들이 쳐들어오자 수십만 마리의 두꺼비가 울어서 해적을 쫓았다는 전설이 있어요. '두꺼비 섬(蟾)' 자에 '나루 진(津)' 자를 써서 섬진강이라고 부르지요.

세계에서 가장 긴 강은 어느 강일까요?

01 한강

02 나일강

03 아마존강

04 라인강

생각 키우기

예전에는 이집트의 나일강(길이 6,671킬로미터)이 제일 길다고 알려졌어요. 하지만 2008년 5월에 리마 지리학회에서 **아마존강이 제일 길다**고 발표했지요. 아마존강은 길이가 7,062킬로미터, 유역 면적 705만 제곱킬로미터(한반도 전체 면적은 약 22만 제곱킬로미터)로 세계에서 가장 길고도 큰 강이랍니다.

정답 ❸

GUESS 27

무엇일까요?

첫 번째 힌트	★ **땅속**의 **공간**이에요.
두 번째 힌트	★ **절벽**에 **구멍**이 나 있기도 해요.
세 번째 힌트	★ **관광 명소**로 유명해요.
네 번째 힌트	★ **물이 고여** 있기도 해요.
다섯 번째 힌트	★ **빛이 없어서** 어두워요.

결정적 힌트 "박쥐들이 살아요."

Cave

동

굴

동굴

자연으로 생긴 깊고 넓은 굴
동굴

　동굴은 **땅속**의 깊고 넓은 큰 굴이에요.

　동굴은 크게 **석회 동굴**, **용암 동굴**, **해식 동굴**로 나뉘어요. 동굴이 만들어질 때 동굴 안에 여러 가지 다른 물질도 만들어지는데, 동굴이 어떤 방법으로, 얼마나 오랜 시간에 걸쳐 생겼는지에 따라서 같은 물질이라도 다른 모습을 띠고 있지요. 이 외에도 사람이 만든 인공 동굴이 있어요. 주로 금, 은, 석탄 등을 캐려고 만들지요.

　아주 오랜 옛날, 동굴은 사람들에게 아주 쓸모 있는 곳이었어요. 생활 터전이 되는가 하면, 잠시 몸을 숨길 수도 있고, 농작물을 저장하고, 적과의 싸움에 이용하기도 했지요.

　동굴 안에는 화석에서나 볼 수 있는 곤충이 살기도 하고, 바깥 환경의 영향을 덜 받은 편이라 학자들이 땅을 연구하는 데도 좋은 자료가 된답니다.

동굴은 어떻게 만들어질까?

석회 동굴은 이렇게 생겨요!

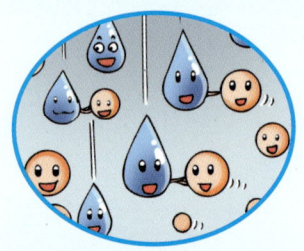  

❶ 빗물이 공기 중에 있는 이산화탄소와 만나 약한 산성을 띤다.

❷ 이 빗물이 석회암 속에 스며들어 지하수가 된다.

❸ 산성의 지하수가 석회암을 녹이고 깎아 내며 동굴을 만든다.

용암 동굴은 이렇게 생겨요!

❶ 화산 폭발로 용암이 흘러내린다.

❷ 땅으로 흘러내린 용암의 겉 부분만 빨리 식는다.

❸ 안쪽의 아직 뜨거운 용암은 계속 흘러간다.

❹ 안쪽의 용암이 빠져나가 생긴 공간이 동굴이 된다.

해식 동굴은 이렇게 생겨요!

❶ 파도가 해안선에 있는 바위를 깎아 절벽을 만든다.
❷ 파도가 절벽의 약한 부분을 파 들어가 동굴이 된다.

석회 동굴 구경하자!

우리나라에는 석회 동굴이 많아요. 석회 동굴에는 아름다운 볼거리들이 많지요. 바닥에서 뾰족 솟아오른 석순, 천장에서 고드름처럼 매달려 있는 종유석, 부드러운 천으로 만든 것처럼 보이는 커튼, 천장과 바닥을 이어 주는 석주 등 어떤 것들이 있는지 한 번 살펴볼까요?

석순

동굴 안

커튼

종유석

동굴 입구

동굴에는 왜 흰색 동물이 많을까요?

01 빛을 잘 보지 못해서

02 서로 잘 알아보려고

03 들어오는 빛을 모두 흡수해서

04 돌연변이만 모여 사니깐

생각 키우기

동굴 하면 생각나는 동물은 아마 박쥐일 거예요. 이 외에도 귀뚜라미, 지네, 가재 등도 동굴에 사는데 대부분 몸이 하얀빛을 띠지요. 동굴에 사는 동물들이 대부분 하얀 이유는 **오랜 시간 동안 빛을 받지 못했기 때문**이에요. 또 동굴 동물은 동굴 안에서 편히 살 수 있어 굳이 보호색*을 띨 필요도 없답니다.

***보호색**: 다른 동물의 공격을 피하고 몸을 보호하기 위해 주위 환경과 비슷한 색을 띠는 몸 색깔.

정답 ❶

GUESS 28

무엇일까요?

첫 번째 힌트	★ 물에 덮이지 않은 부분이에요.
두 번째 힌트	★ 지구 넓이의 **29퍼센트**를 차지해요.
세 번째 힌트	★ **지하자원**을 많이 가지고 있어요.
네 번째 힌트	★ 크게 **여섯 대륙**으로 나뉘어요.
다섯 번째 힌트	★ 육지라고도 해요.

 결정적 힌트: "하늘과 ○"

Land

地

따

물에 덮이지 않은 지구 표면
땅

지구에는 여섯 개의 대륙, 즉 큰 땅이 있어요.

유라시아(아시아·유럽), 아프리카, 남아메리카, 북아메리카, 오세아니아, 남극이에요. 대륙은 대부분 적도 위쪽인 북반구에 있는데, 지구 전체의 대륙 넓이는 한반도의 약 675배나 된답니다.

대륙은 암석으로 구성되어 있고, 더 깊은 곳으로 내려가면 뜨거운 액체가 있기도 해요. 그 모양이 꼭 걸쭉한 죽 같아서 '반죽'을 뜻하는 그리스어인 마그마라고 부르지요. 이 마그마에는 알루미늄, 철, 칼슘, 나트륨, 마그네슘 등 여러 광물이 포함되어 있답니다.

우리가 매일 밟고 다니는, 딱딱한 줄로만 알았던 땅!

사실 그 아래에는 부글부글 끓고 있는 반죽이 흐른다고 생각하면 정말 오싹하지 않나요?

우리가 사는 여섯 개의 대륙!

유라시아

유럽
슬라브족, 게르만족, 라틴족뿐만 아니라 유대인, 바스크족, 집시 등 여러 민족이 살고 있어요. 산업 혁명 등을 제일 먼저 거쳐 선진국이 많아요.

아시아
땅이 가장 넓고 인구 밀도도 가장 높은 대륙이에요. 인구 대부분은 중국, 인도, 인도네시아 등의 국가가 차지하고 있어요. 한편 싱가포르, 한국, 일본, 대만이 대표적인 선진형 경제 국가지요.

북극

인도양

아프리카
검은 대륙으로 불리는 아프리카는 분쟁이 가장 많은 대륙이에요. 경제 수준도 남아프리카 공화국이나 이집트를 제외하면 대부분 후진국이지요. 굶고 병들어 죽는 사람이 많고, 사막화 현상도 날로 심해지고 있답니다.

남극
너무 추워 사람이 살지는 않지만 대륙에 속한답니다.

북아메리카

'앵글로아메리카'라고도 불리며, 영국과 프랑스에서 이주한 사람들이 제일 많아요. 세계 경제에서 중요한 미국이 자리 잡고 있지요.

대서양

태평양

오세아니아

땅 넓이와 인구수가 가장 적은 대륙이에요. 나라 수도 15개 정도뿐이지요. 대부분 유럽이나 아시아에서 이주한 사람들로 구성되어 있고, 호주를 제외하면 모두 섬으로 이루어진 국가랍니다.

남아메리카

'라틴아메리카'로도 불려요. 과거에 포르투갈과 스페인의 지배를 받았으며 라틴계와 인디오가 많이 살아요.

살기 좋은 땅이 점점 사막으로 변한대요. 그 이유가 아닌 것은 무엇일까요?

01 나무를 심지 않아서

02 비가 너무 많이 내려서

03 지구 온도가 높아져서

04 풀밭으로만 오래 사용해서

생각 키우기

지구의 사막화 현상은 인류의 걱정이에요. 몽골이나 에티오피아 등에서는 해마다 사막이 넓어지고 있지요. 사막이 넓어지는 이유는 **환경 오염으로 지구가 더워지는 데다가, 나무는 심지 않고 오랫동안 가축의 사료를 위해 풀밭으로만 사용**했기 때문이랍니다.

정답 ❷

GUESS 29

첫 번째 힌트	★ 평지보다 높아요.
두 번째 힌트	★ 불룩 솟은 곳이에요.
세 번째 힌트	★ 대부분 나무가 많아요.
네 번째 힌트	★ 이곳에 오르는 것을 **등반**이라고 해요.
다섯 번째 힌트	★ 꼭대기에 올라 '야호!'

결정적 힌트 "백두○, 금강○, 지리○"

Mountain

山

人

산

높이 솟아 있는 땅
산

평지보다 높이 솟아 있는 땅의 부분을 산이라고 해요. 주로 **지각과 지각이 서로 충돌**하면서 한쪽이 밀려 올라가거나 **화산 폭발**로 땅이 솟구쳐 올라서 만들어진답니다.

산은 보통 두서너 개의 산봉우리가 이어져서 **산맥**을 이루어요. 세계에서 가장 높은 산은 히말라야산맥에 있는 에베레스트산이에요.

그 외에도 유럽의 지붕이라고 일컫는 알프스산맥, 북아메리카의 로키산맥, 남아메리카의 척추라고 불리는 안데스산맥, 만년설을 볼 수 있는 아프리카의 킬리만자로, 중국 실크로드의 길목인 톈산산맥 등이 세계적으로 높은 산에 속한답니다.

우리나라의 대표적인 산으로는 백두산, 한라산, 설악산, 지리산, 내장산, 오대산, 북한산 등이 있답니다.

놀라운 지구이야기
산

에베레스트산이 바닷속 땅이었다고?

　에베레스트산에서 조개 화석이 발견되었어요. 세계에서 가장 높은 산에서 어떻게 바다 생물의 흔적이 나왔을까요? 이것은 에베레스트산이 예전에는 바닷속에 있었다는 것을 알려 주지요. 지각변동으로 바다 깊은 곳에 있던 땅이 해수면 위쪽으로 올라온 거예요.

왜 높은 산일수록 추울까?

높은 산일수록 태양에 더 가깝기 때문에 온도가 올라간다고 생각할 수 있지만, 지구와 태양 사이의 거리는 너무 멀어서 산에 올라가는 정도로는 큰 차이를 느낄 수 없답니다. 그보다는 산 위로 올라갈수록 지구 복사열*을 내뿜는 지구 표면과 멀어져서 온도가 낮아지는 거예요.

***지구 복사열**: 지구가 태양으로부터 받은 열을 다시 우주로 내보내는 것.

왜 높은 산에는 공기가 부족할까?

중력 때문이에요. 정말 의외죠? 공기와 중력이 관계있다니! 산이 높을수록 지구의 중심에서 멀어지는 거잖아요? 그러면 지구가 공기를 끌어당기는 힘도 약해지지요. 즉, 높은 산에서는 중력이 공기를 붙잡아 두지 못하기 때문에 사람들이 숨 쉴 수 있는 공기가 부족한 거랍니다.

산의 높이는 어디에서부터 **재는 걸까요?**

01 산의 뿌리부터

02 땅속 마그마에서부터

03 바다의 수면에서부터

04 산이 땅에 닿는 곳에서부터

생각 키우기

산의 높이는 **바다 수면에서부터 산꼭대기까지 잰 높이**예요. 해발 500미터라고 하면 바다 수면에서부터 산꼭대기까지가 500미터라는 거예요. 나라마다 기준점이 달라서 산의 높이는 사실 정확하지 않아요. 한 가지 더! 높이가 최소 500미터 이상은 되어야 산이라고 할 수 있답니다.

정답 ❸

GUESS 30

무엇일까요?

첫 번째 힌트	★ 사람들이 **더럽혀요**.
두 번째 힌트	★ **지구를 파괴해요**.
세 번째 힌트	★ 지구 **온도가 올라가요**.
네 번째 힌트	★ **나무를** 말라 **죽게 해요**.
다섯 번째 힌트	★ 물이 더러워지고 나쁜 냄새가 나요.

결정적 힌트 "지구환경이 더러워지는 것"

Environmental pollution

환
↓
ㅎ ㄱ ㅇ ㅇ

187

해로운 물질로 더러워짐
환경 오염

옛날에는 배가 고프면 언제든지 나무에 열린 열매를 따 먹을 수 있었어요. 목이 마르면 아무 때고 강물을 떠 마실 수 있었고요. 자연을 있는 그대로 이용할 수 있었던 거예요.

그런데 요즘에는 자연을 있는 그대로 이용하기 힘든 세상이 되었어요. 바로 환경이 오염되었기 때문이에요.

오염은 **깨끗하던 것이 더러워지는 것**을 말한답니다.

사람들이 모여 살면서 **도시**가 생기고, **산업**이 발전하면서 **공장**과 **교통**이 발달했어요. 공장과 **자동차**는 시커먼 **연기**를 내뿜고, 도시는 각종 **쓰레기**가 넘쳐 나기 시작했지요. 공기뿐만 아니라 **물**도 더러워졌답니다. 여기저기에서 들려오는 **소음** 또한 사람들에게 나쁜 영향을 미치지요.

이러한 모든 것이 환경 오염이랍니다.

환경 오염도 가지가지!

공기 오염

공장의 굴뚝이나 자동차에서 뿜어내는 매연 등에 의해 공기가 더러워지는 것을 말해요. 대기 오염이라고도 해요.

수질 오염

화학 공장, 제지 공장, 광산, 제련소 등에서 제대로 처리하지 못해 흘러나오는 더러운 물 때문에 강물이나 바닷물이 더러워지는 것을 말해요.

소음, 진동

자동차, 비행기, 공사장 등에서 나는 온갖 소음은 귀를 아프게 할 뿐만 아니라, 소화를 방해하고 편안하게 잠을 잘 수도 없게 해요.

악취

쓰레기를 정해진 곳에 버리지 않고 뒷산이나 골목 구석에 몰래 버리는 행위 등으로 인해 독한 냄새가 나는 것을 말해요.

환경이 그렇게 소중해?

　오염으로 자연이 파괴되면 아무리 사회가 발전해도 편히 살아갈 수 없게 돼요. 지구 온난화, 산성비, 지구의 사막화, 중국의 황사, 해수면 상승, 열대 우림의 감소, 오존층 파괴 등이 일어나 각종 질병이 나돌고 천재지변이 끊이지 않기 때문이지요.
　오염을 줄이고 환경을 보호하려면, 나쁜 물질의 사용을 최대한 줄이고, 나무를 심고 물을 깨끗하게 관리하는 등의 노력이 필요해요. 조금 불편하고 돈이 들더라도 꼭 지켜야 하는 중요한 일이랍니다.

환경 오염을 줄이기 위해 우리가 할 수 있는 일은 무엇일까요?

01 나무를 심는다.

02 힘들어도 무조건 걸어 다닌다.

03 쓰레기를 다 섞어 버린다.

04 발끝으로만 다닌다.

생각 키우기

식물은 공기 중에 있는 이산화탄소를 사용하고 산소를 뿜어내요. **나무를 많이 심으면 그만큼 맑은 산소를 마음껏 마실 수 있는 거예요.** 너무 멀지 않은 거리는 걸어 다니고, 쓰레기를 분리배출하는 것도 작지만 환경 오염을 줄이는 좋은 방법이랍니다.

정답 ❶

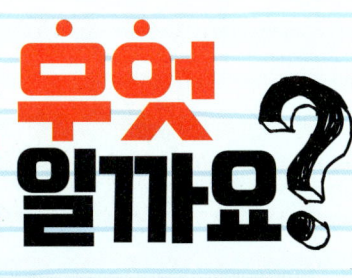

GUESS 31 무엇일까요?

- **첫 번째 힌트** ★ 작은 육지예요.
- **두 번째 힌트** ★ 바다나 호수에 둘러싸여 있어요.
- **세 번째 힌트** ★ 사람이 살지 않는 곳도 있어요.
- **네 번째 힌트** ★ 이곳에 가려면 배를 타야 해요.
- **다섯 번째 힌트** ★ 일본과 영국은 대표적인 ○나라!

결정적 힌트 "울릉도와 독도"

Island

섬

섬

물로 둘러싸인 작은 육지
섬

모든 면이 물로 둘러싸인 땅을 섬이라고 해요. 섬은 바다·호수·하천 등에 있지요.

섬이 만들어지는 데는 여러 가지 원인이 있어요. 바다 깊은 곳에서 **화산이 폭발**하여 땅이 솟아오르면서 생기기도 하고, 땅의 **높고 평평한 곳만 빼고 모두 물에 잠겨서** 생기기도 하지요.

세계에서 가장 큰 섬은 **그린란드**랍니다. 그린란드는 북아메리카 대륙과 얕고 좁은 바다를 사이에 두고 떨어져 있어요.

우리나라에서 가장 큰 섬은 유채꽃과 돌하르방이 유명한 **제주도**예요. 그다음은 거제도와 진도, 강화도, 남해도 등의 순서로 크지요. 우리나라의 동쪽 끝에 있는 작은 섬, 독도 역시 울릉도와 함께 우리나라의 대표적인 섬이랍니다.

섬이 싫어서 바다로 간 도마뱀?

섬과 육지 사이가 땅으로 이어져 있을 때는 동물들이 바뀌는 날씨에 따라 이리저리 마음껏 옮겨 다니며 머물렀어요. 그런데 섬이 육지와 나뉘자, 생물들은 기후에 적응하려고 예전과 다른 특징을 지니기 시작했지요.

남태평양 사모아에 사는 육지 도마뱀은 다른 생물들이 모두 바다에서 육지로 나오는 데 반해, 뜨거운 섬을 못 이기고 바다로 들어가 오히려 바다 생물이 되었어요. 그래서 바닷물로 인한 몸속의 염분을 내보내는 콧구멍과 바다에서 잘 헤엄칠 수 있는 기다란 꼬리 등 바다 생활에 적합한 몸을 가지고 있답니다. 과학자들은 이러한 생물을 관찰하여 섬이 언제 만들어졌는지, 각 섬의 경계는 어디인지 파악하기도 한답니다.

더워! 바다로 갈 거야!

산호 시체로 이루어진 섬?

산호는 따뜻하고 깨끗한 바다에 사는 생물이에요. 보기에는 나무처럼 생겼지만 플랑크톤을 잡아먹는 동물이지요. 수만 마리의 산호가 모여 있다가 죽고, 그 위에 산호와 동식물의 잔해나 시체가 쌓이고 쌓여 바다 수면 위로 올라와 섬의 형태를 띠는데, 이것을 '산호섬'이라고 한답니다. 산호는 바닷물의 온도가 20도 이상인 곳에만 살기 때문에 산호섬은 대부분 따뜻한 곳에서 만들어진답니다.

산호섬은 이렇게 생겨요!

❶ 바닷속에서 산호가 죽어서 딱딱하게 변한다.

❷ 그 위에 산호와 동식물의 잔해나 시체가 점차 쌓인다.

❸ 바다 위로 둥근 부분이 봉긋하게 솟아오른다.

화산섬에 관한 설명으로 바르지 않은 것은 무엇일까요?

01 화산이 있는 섬

02 분화구에 있는 섬

03 화산에서 나온 물질로 만들어진 섬

04 화산 폭발의 위험이 있는 섬

생각 키우기

화산섬은 바닷속 **화산에서 뿜어져 나온 물질이 쌓여서** 바다 위로 솟아올라 만들어진 섬이에요. 제주도와 울릉도가 화산섬에 속하지요. 화산섬은 대부분 가장자리가 절벽으로 되어 있고 평야가 많지 않아 사람이 살기에는 알맞지 않답니다. 화산섬에는 화산이 있으니까 당연히 **화산 폭발의 위험**도 있지요.

정답 ❷

무엇일까요?

첫 번째 힌트 ★ 땅에서 솟아나요.

두 번째 힌트 ★ 주로 **화산**이 있는 곳에 있어요.

세 번째 힌트 ★ **일본**이 유명해요.

네 번째 힌트 ★ **건강**에 좋다고 알려져 있어요.

다섯 번째 힌트 ★ **목욕**하는 곳이에요.

결정적 힌트 "뜨거운 물에 몸을 담가요."

Hot spring

온

ㅇ ㅊ

온천

지하수가 데워져 나오는 샘
온천

화산 근처에는 뜨거운 마그마가 돌아다니며 땅속에 흐르는 지하수를 데우곤 해요. 지하수란 빗물이 땅속으로 스며들어 고인 것을 말하는데, 지하수가 그 지역의 평균기온보다 높은 온도로 데워져 솟아 나오는 샘을 온천이라고 한답니다. 우리나라에서는 25도보다 높은 온도의 지하수를 온천으로 정하고 있어요.

온천에는 사람에게 좋은 여러 물질이 들어 있어요. 흔히 온천에서 목욕을 하면 심장병이나 중풍, 특히 피부 미용에 좋다고 알려져 있지요.

온천으로 유명한 나라가 바로 이웃 나라 일본이에요. 일본의 온천은 세계적으로도 유명하지요. 이는 일본에 화산이 많기 때문이에요. 하지만 지진 때문에 생긴 화산이 많은 만큼 온천 주변도 아주 안전하다고는 할 수 없답니다.

놀라운 지구이야기
온천

온천물이 분수처럼 솟아오른다고?

땅속의 뜨거운 물이 일정한 시간 간격을 두고 분수처럼 솟구쳤다가 사라지는 것을 반복하는 온천이 있어요. 이를 '간헐천'이라고 해요. 간헐천은 지구 외에도 토성의 위성인 엔켈라두스나 해왕성의 위성인 트리톤 등에도 있답니다.

유황이 있는 온천?

온천 중에는 유황 성분이 들어 있는 온천이 많아요. 유황은 불이 잘 붙을 뿐만 아니라 독성이 강해서, 옛날에 유황 광산에서 오래 일한 광부들은 눈이 멀 정도였대요. 하지만 피부병을 고치는 데는 효과가 탁월해서 유황 온천을 찾는 사람들이 많답니다.

원숭이들이 온천욕을?

일본 산악 지대에 있는 한 온천에는 원숭이들이 자기 새끼들을 안고 와서 온천욕을 즐긴답니다. 한쪽에서는 원숭이들이, 다른 한쪽에서는 사람들이 온천욕을 즐기는 재미있는 풍경을 볼 수 있어요.

일본에 온천이 발달한 이유는 무엇일까요?

01 주변에 물이 많아서

02 산이 많아서

03 지진이 잦아서

04 화산이 많아서

생각 키우기

온천은 화산 근처에 많아요. 일본은 환태평양 지진대*(태평양 주변의 대륙과 바다가 만나는 지점에 있는 지진대)에 속해서 언제라도 지진과 화산 활동이 일어날 가능성이 크지요. 세계에서 일어나는 지진은 대부분 이곳에서 일어나거든요. **일본에는 화산이 많아서 온천도 많은** 거랍니다.

*지진대 : 지진이 자주 일어나거나 일어나기 쉬운 지역.

정답 ❹

첫 번째 힌트	★ 햇빛이 물방울을 통과할 때 생겨요.
두 번째 힌트	★ 비가 내린 뒤에 나타나요.
세 번째 힌트	★ 빛이 여러 색깔로 보여요.
네 번째 힌트	★ 보는 각도에 따라 색이 달라요.
다섯 번째 힌트	★ 빨주노초파남보!

 "일곱 빛깔 ○○○"

Rainbow

무
↓
ㅁ ㅈ ㄱ

무지개

물방울과 빛이 만든 색띠

무지개

　과학이 발전하기 전에는 사람들은 무지개를 보며 여러 가지 상상을 펼쳤어요. 어떤 사람은 홍수가 날 것이라 하고, 어떤 사람은 무지개가 끝나는 곳에 보물이 숨겨져 있을 것이라고도 했지요.

　하지만 요즘에는 무지개를 보며 그런 상상을 하는 사람은 없어요. 무지개가 **자연이 만들어 내는 과학적 현상**이라는 것을 알기 때문이지요.

　무지개는 공중에 떠다닐 정도로 **아주 작은 물방울**이 **햇빛**을 받아 나타나는 색띠예요. 보통 비가 그친 뒤 태양의 반대쪽에서 나타나지요. 마치 반쪽짜리 원 모양처럼 보이고, 일곱 빛깔을 띠어요.

　바깥쪽에서부터 **빨강**, **주황**, **노랑**, **초록**, **파랑**, **남색**, **보라**의 차례로 나타난답니다.

놀라운 지구이야기
무지개

무지개는 사실 동그라미!

무지개는 원래 동그란 도넛 모양이랍니다. 그런데 아랫부분은 산이나 건물에 가려져서 언제나 반만 보이지요. 로켓을 타고 하늘 높이 올라가서 보면 동그란 모양의 무지개를 볼 수 있답니다.

무지개는 빨주노초파남보?

무지개의 색깔은 7가지라고 알고 있지만 사실은 더 많은 색으로 이루어져 있어요. 원래는 수만 가지 색으로 나뉘는데, 우리가 눈으로 분별할 수 있는 빛의 색깔이 정해져 있어 무지개를 몇 가지 색으로만 나누는 거예요.

우리나라에서는 무지개를 7가지 색으로 보지만, 다른 나라에서는 5가지 또는 2가지로 보기도 한답니다.

무지개는 어떻게 나타나는 걸까?

우리 눈이 물체를 어떻게 보는지 알면 무지개의 원리를 이해하기 쉬울 거예요. 사물을 보려면 빛이 꼭 필요하겠죠?

❶ 태양에서 빛이 나온다.

❷ 빛을 받은 물체가 그 빛을 반사한다.

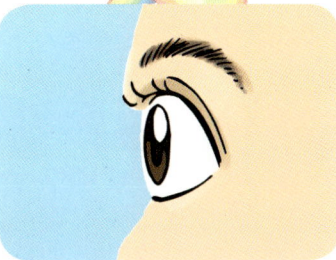
❸ 반사된 빛이 우리 눈에 들어와 물체를 본다.

그럼, 무지개는 어떻게 보이는 걸까요?

비가 오고 나면 공기 중에는 수많은 물방울이 떠 있어요. 이 물방울에 햇빛이 닿은 뒤 반사되어 우리가 무지개를 보는 거예요. 일반적으로 비 온 뒤에 해를 등지고 하늘을 보면 무지개를 볼 수 있답니다.

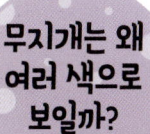
무지개는 왜 여러 색으로 보일까?

사람의 눈으로 볼 수 있는 빛의 영역을 '가시광선'이라고 해요. 진하고 옅은 정도에 따라 수많은 색으로 이루어져 있지만, 쉽게 7가지 색(빨, 주, 노, 초, 파, 남, 보)으로 나눌 수 있지요. 그런데 색마다 빛의 굴절 정도가 달라요. 그래서 비 온 뒤, 햇빛이 물방울에 굴절·반사될 때, 우리 눈에 여러 색을 가진 무지개가 보이는 거랍니다.

*프리즘 : 빛의 굴절과 분산을 일으킬 때 쓰는 장치.

'무지개'라는 말은 무슨 뜻일까요?

01 빛으로 이루어진 문

02 물로 이루어진 문

03 셀 수 없는 문

04 모양 없는 문

생각 키우기

'무지개'라는 이름을 살펴보면 쉽게 알 수 있어요. 무지개는 '물'과 '지게'가 합쳐진 말이랍니다. 여기서 지게는 등에 지는 운반 도구를 말하는 것이 아니고, 사람이 드나드는 '문'을 뜻하는 말이에요. 이것이 '므지게'라는 이름으로 불리다가, 오늘날에는 '무지개'로 불리게 된 것이랍니다. 그러니까 **무지개는 '물로 만들어진 문'이라는 뜻**이지요.

GUESS 34 무엇일까요?

첫 번째 힌트	★ **물방울 상태**로 떠 있는 현상이에요.
두 번째 힌트	★ **지면 가까이** 있는 **구름**이에요.
세 번째 힌트	★ 이날은 대체로 **날씨가 맑아**요.
네 번째 힌트	★ 앞이 **잘 보이지 않아**요.
다섯 번째 힌트	★ **뿌옇게 떠 있어**요.

결정적 힌트 "안개꽃"

Fog

안 → ㅇㄱ

안개

지면에 가까이 있는 구름
안개

안개는 수증기가 기온이 내려가 작은 물방울로 변하여 만들어지는 것을 말해요. 구름이 만들어지는 과정과 같아 땅 가까이에 생기는 구름이라고 할 수 있지요.

낮에 공기 중에 있던 수증기가 밤이 되어 기온이 떨어지면 물방울 상태로 변하는 거예요. 그래서 안개는 새벽이나 이른 아침에 자주 볼 수 있답니다.

안개는 바다에서도 볼 수 있어요. 바다 위에는 수증기가 많아 여러 상황에서 안개가 생기는데, 특히 수면 위의 따뜻한 공기가 차가운 공기와 만나면 안개가 잘 생긴답니다. 또는 따뜻한 온도의 바닷물(난류)과 차가운 온도의 바닷물(한류)이 만나는 지점에서 안개가 생기기도 해요.

안개가 너무 짙으면 주변이 잘 보이지 않으므로 차로 이동하거나 바깥 활동을 할 때 조심해야 한답니다.

안개 만들기 실험!

유리그릇에 따뜻한 물을 3분의 1쯤 담아 둬요. 그다음 은박지 접시에 얼음을 담아서 유리그릇 위를 덮는 거예요. 그럼 따뜻한 물 위쪽 공간에 하얀 김이 꽉 차는 것을 볼 수 있지요. 하얀 김이 바로 안개와 같은 것이랍니다. 하지만 오랫동안 그 상태로 두면 하얀 김은 방울방울 맺힌 물방울이 돼요. 마치 비가 만들어지는 것처럼 말이에요.

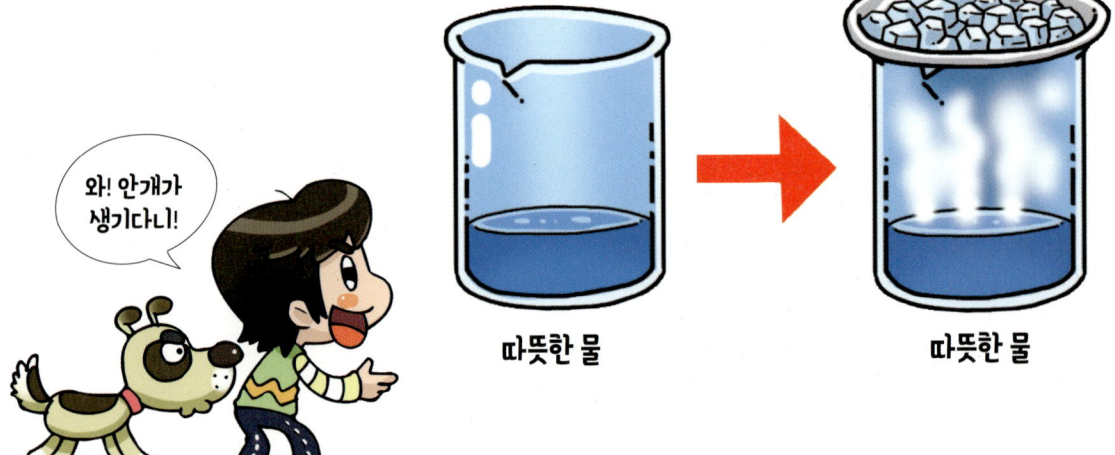

연기(smoke) + 안개(fog) = 스모그(smog)

'스모그'는 '연기(smoke)'와 '안개(fog)'가 합쳐진 말이에요. 대기가 오염 물질로 뿌옇게 보이는 현상을 이르는 말이지요.

주로 자동차의 배기가스나 화력 발전소, 공장 등에서 나오는 오염 물질 때문에 생겨요. 대도시에서 주로 생기지만, 바람에 실려 가 다른 지역에 피해를 주기도 해요. 사람들을 숨 막히게 하고, 눈병을 일으킬 뿐 아니라 식물이 죽는 원인이 되기도 한답니다.

바다에 안개가 끼었을 때 위험을 알리는 방법으로 틀린 것은 무엇일까요?

01 바다에 띄운 부표

02 뱃고동 소리

03 흔들리는 붉은색 깃발

04 깜빡이는 불빛

생각 키우기

바다에 안개가 끼면 매우 위험해요. 그래서 **등대나 부표***를 이용해 사람들에게 위험을 알리지요. 바다에 나가 있는 사람들은 배에서 자신의 위치를 표시하기 위해 **소리 또는 불빛 신호**를 보내요. 앞이 잘 안 보이는 안개 속에서 깃발은 잘 안 보이겠지요?

*부표 : 물 위에 띄워 표적으로 삼는 물건.

정답 ❸

GUESS 35

무엇일까요?

첫 번째 힌트	★ **소나기구름**에서 일어나요.
두 번째 힌트	★ **대기의 방전*** 현상이에요.
세 번째 힌트	★ **피뢰침**이 필요해요.
네 번째 힌트	★ 금방 나타나고 **사라져**요.
다섯 번째 힌트	★ 밤하늘이 순간 밝아져요.

*방전: 전기를 띤 물체에서 전기가 바깥으로 흘러나오는 현상.

 결정적 힌트 "**번쩍이는 불꽃**"

Lightning

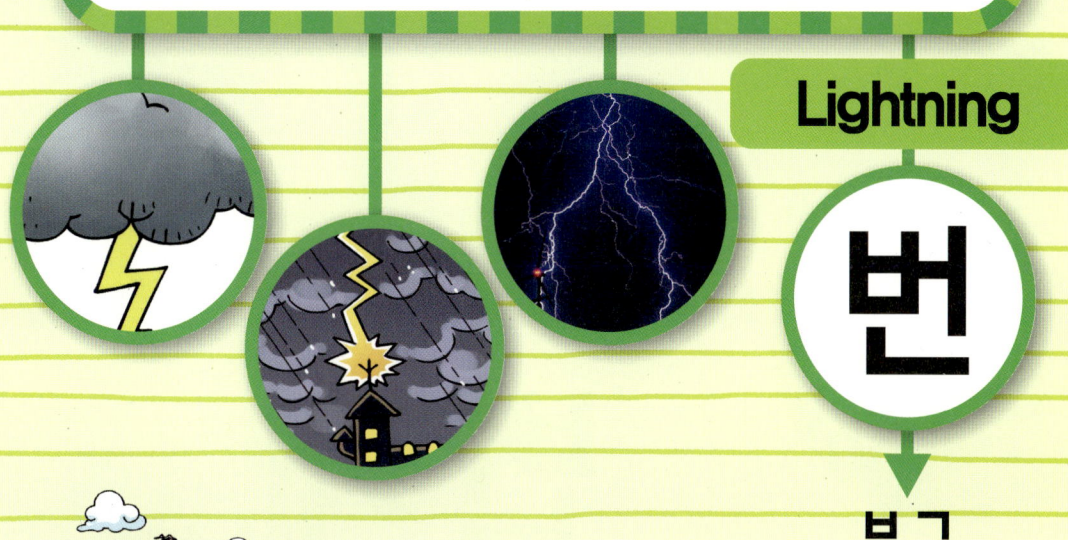

번개

217

번개

방전으로 번쩍이는 불꽃
번개

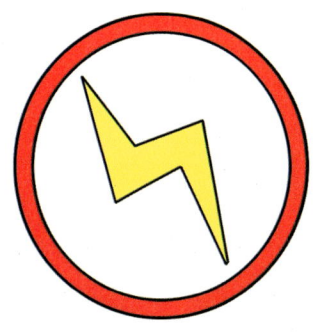

번쩍! 하고 먹구름 낀 하늘에서 순간 나타났다가 사라지는 빛, 바로 번개예요.

번개는 어떻게 생겨나는 걸까요?

구름을 이루는 **작은 물방울**들이 서로 부딪치면 **전기**가 생겨요. 특히 여름처럼 구름이 많은 계절에는 **구름끼리 부딪치는 일**이 잦아 공기 중에 많은 전기가 흐르지요. 이때, 구름 주위에 있던 전기는 순간적으로 흐르면서 빛을 내는데, 이 빛이 번개랍니다. 주로 지그재그 모양으로 내리치는데 전기가 잘 통하는 물질이 모여 있는 방향으로 길을 찾아가기 때문이지요.

번개는 힘이 굉장히 세요. 순간적으로 태양 표면의 온도보다 약 4배나 뜨거운 **27,000도**의 열을 일으키거든요. 이 열 때문에 주변 공기가 급격히 늘어났다가 줄어들기를 반복하면서 나는 커다란 소리가 **천둥**이랍니다.

천둥과 번개의 달리기 시합!

사실 천둥과 번개는 동시에 일어나요. 하지만 빛이 소리보다 속도가 빨라서 번개가 천둥보다 사람에게 먼저 전달된답니다.

눈 오는 날에도 번개가 칠까?

눈 오는 날에도 번개는 친답니다. 번개를 일으키는 구름은 적란운(쎈비구름)인데, 이 구름은 겨울에도 생겨요. 그러니까 눈이 올 때도 번개가 칠 수 있겠지요? 우리나라 옛말에 '번개가 치면서 눈이 오면 폭설이 내린다.'는 말도 있는걸요.

번개를 부르는 막대기!

모두 피하고 싶은 번개!

그런데 이런 번개를 일부러 끌어들여서 피하자고 주장한 사람이 있어요. 바로 미국의 벤저민 프랭클린Benjamin Franklin(1706~1790)이에요. 프랭클린은 번개를 끌어들이는 '피뢰침'이라는 기구를 발명했어요.

피뢰침은 구리 막대로 이루어져 있고, 굵은 전선이 땅과 이 막대기를 이어 주어 번개가 칠 때 생기는 전류를 땅으로 유도해 주지요. 발명 초기에는 번개를 끌어들인다는 이유로 사람들에게 외면을 당했지만, 피뢰침으로 떨어진 번개가 안전하게 땅속으로 들어가는 것을 보고 안전장치로 인정받게 되었답니다.

그래도 번개가 치는 곳에서 멀리 벗어나는 게 가장 안전하지!

번개
피뢰침
유도선
땅

전기가 흐르는 원리는 무엇일까?

같은 크기의 통 2개를 준비해서 하나는 물을 가득 채우고, 다른 하나는 비워 둬요. 이 두 통을 2개의 호스로 연결하고 같은 높이에 두면 물이 가득 찬 통의 물이 빈 통으로 이동하게 된답니다. 그러다 양쪽의 수위가 같아지면 물은 더는 흐르지 않고 멈추지요. 전기도 마찬가지랍니다. 물의 높이를 수위라고 하듯이 전기의 높이는 '전위'라고 해요. 전기는 전위가 높은 곳에서 낮은 곳으로 흐르다가 전위가 같아지면 더는 흐르지 않고 멈추지요.

번개를 피하는 방법으로 옳지 않은 것은 무엇일까요?

01 높은 나무 아래로 숨는다.

02 자동차에 들어간다.

03 잔뜩 웅크린다.

04 피뢰침을 미리 준비한다.

생각 키우기

번개는 주로 높은 곳으로 떨어져요. 주변이 들판처럼 아무것도 없다면 몸을 **최대한 웅크리는 것이 좋아요. 자동차 안에 들어가 있는 것도 좋은 방법이지요.** 자동차가 금속으로 만들어져 피뢰침 역할을 해 주거든요. 또 **피뢰침이 있는 건물로 들어가는 것도 좋아요.** 나무는 주변보다 높이 서 있어서 번개가 치면 나무 아래는 매우 위험하지요.

정답 ❶

GUESS 36

무엇일까요?

첫 번째 힌트	★ 물이 부족해요.
두 번째 힌트	★ 기온이 높아져요.
세 번째 힌트	★ 식물들이 말라 죽어요.
네 번째 힌트	★ 농사를 지을 수가 없어요.
다섯 번째 힌트	★ 땅이 메말라요.

결정적 힌트: "오랫동안 비가 내리지 않아요."

Drought

가

ㄱ ㅁ

가뭄

비가 내리지 않아 메마른 날씨
가뭄

　가뭄은 '가물다(땅의 물기가 바싹 마를 정도로 오랫동안 계속하여 비가 오지 않다)'라는 뜻을 가진 말로 **오랫동안 비가 오지 않아 땅이 메마른 날씨**를 말해요.

　가뭄이 들면 땅이 쩍쩍 갈라지고 식물이 말라 죽고 말지요. 사람이 마실 물도 부족하고 말이에요.

　주로 쌀농사를 짓고 살았던 우리나라 사람들은 **농사에 필요한 물**을 비에서 얻었어요. 그만큼 비가 무척 중요했지요. 행여 가뭄이 들기라도 하는 해에는 농사를 제대로 짓지 못해 굶주림에 시달려야 했어요. 그래서 사람들은 가뭄에 대비하려고 노력했어요.

　비가 오면 빗물을 모아 두었다가 가뭄이 들었을 때 내보내는 **댐**이나 **저수지**를 만들기도 하고, **물길을 조정**하기도 했답니다. 또 옛날에는 임금이 직접 하늘에 비가 내리기를 비는 **기우제**를 지내기도 했지요.

놀라운 지구이야기
가뭄

가뭄이 심해지면 사막이 될까?

네, 그런 현상은 지구 곳곳에서 일어나고 있어요. 가장 심한 곳이 에티오피아인데, 호수가 너무 빨리 말라 황무지가 끝없이 이어지지요. 동물들이 물을 찾아서 헤매다가 결국 물을 찾지 못하고 도중에 목이 말라 죽을 정도랍니다.

초원의 나라 호주가 물 부족 국가라고?

호주는 초원과 숲의 나라로 알려졌지만, 사실은 땅의 대부분이 황무지예요. 호주에서는 물 부족을 대비하기 위해 바닷물을 활용하는 방법과 인공적으로 비를 내리게 하는 방법을 꾸준히 연구하고 있답니다.

호수에 물이 없어!

비가 얼마만큼 안 와야 가뭄?

보통 비 내리는 양이 평균의 10~20퍼센트밖에 되지 않고, 비가 오지 않는 날이 최소한 1개월 이상 계속되면 가뭄이 들었다고 해요.

가뭄이 들면 무슨 일이 일어날까?

먹을 물이 없어서 가축들이 죽어요.

땅이 메말라서 농사를 지을 수 없어요.

산이나 들에 물기가 없어서 산불이 잘 일어나요.

공장에 물이 부족해 물건을 만들기 어려워요.

발전소의 냉각수가 모자라서 전기 생산량이 줄어들어요.

물이 흐르지 못하고 고여서 오염돼요.

깨끗하지 못한 물을 마시게 되어서 병에 잘 걸려요.

마실 물도, 먹을 것도 부족해 사람이 살기 어려워요.

가뭄을 이겨 내기 위한 방법으로 알맞지 않은 것은 무엇일까요?

01 기우제를 지낸다.

02 나무를 많이 심는다.

03 저수지를 만든다.

04 댐을 건설한다.

생각 키우기

나무를 심거나 저수지를 만들면 물을 모아 놓을 수 있어요. 또 댐은 물의 양을 조절해 주어 가뭄에 큰 도움이 된답니다. 그러나 기우제는 비과학적이에요. 과학이 발달하기 전에는 가뭄을 이겨 낼 방법이 딱히 없었어요. 그래서 마음을 모아 하늘에 비가 오기를 빌었지요. 기우제가 정말 효과가 있는지는 아무도 모른답니다.

정답 **1**

GUESS 37

무엇일까요?

첫 번째 힌트	★ 비가 많이 내려요.
두 번째 힌트	★ 길에 물이 가득해요.
세 번째 힌트	★ 농작물이 떠내려가요.
네 번째 힌트	★ 강이 넘쳐요.
다섯 번째 힌트	★ 집 안으로 물이 넘쳐 들어오기도 해요.

 결정적 힌트 "○○ 주의보!"

Flood

홍

ㅎ ㅅ

홍수

강물이 넘쳐흐름
홍수

　홍수는 강의 물이 넘쳐흐르는 것을 말해요. 한꺼번에 많은 비가 쏟아져 내리거나 강물을 제대로 조절하지 못해서 일어나지요. 눈이 많은 곳에서도 홍수가 일어나요. 봄철에 날씨가 갑자기 따뜻해지면 얼어 있던 많은 눈이 한꺼번에 녹아 버리거든요.

　홍수가 나면 집 전체가 물에 잠기거나, 사람은 물론 동물이나 자동차까지 물살에 휩쓸려 떠내려갈 수 있어요. 농가에서는 집안의 큰 재산인 소나 돼지 같은 가축이 둥둥 떠내려가기도 하지요. 사람이 다치는 것은 물론, 재산 피해도 아주 크답니다.

　이러한 피해를 막기 위해 저수지나 댐을 만들기도 하고, 사람들이 미리 대피할 수 있도록 기상 경보를 울리기도 한답니다.

홍수 때 내린 그 많은 빗물은 다 어디로 가지?

우리는 하루도 빠짐없이 물을 써요. 그런데도 물은 마르지 않고 어디서 그렇게 계속 만들어지는 걸까요? 우리가 쓰고 난 물은 없어지는 게 아니에요. 다른 상태로 지구 안에서 계속 돌고 돌지요. 바다를 이루는 물은 수증기로 변해서 하늘로 올라가고, 하늘에서 구름이 되었다가 비가 되어 내리지요. 빗물은 위에서 아래로 흐르며 강을 이루고 우리 생활에 쓰이다가 결국에는 바다로 흘러 들어가요. 이런 과정은 지구가 생긴 이후부터 지금까지 계속 되풀이되고 있답니다. 홍수 때 내리는 빗물 역시 이런 과정을 거쳐 순환하는 거랍니다.

홍수가 남긴 전염병

홍수가 나면 물이 물길을 벗어나 넘치면서 여기저기 있던 더러운 물질들과 마구 섞이게 돼요. 그 상태로 물이 흐르면 주변에 더러운 물질들을 퍼뜨리게 된답니다. 그러면 장티푸스, 콜레라 같은 전염병이 돌게 되는 거지요.

홍수가 농사에 도움이 될 수도 있다고?

이집트에 아스완 하이 댐이 건설되기 이전에는 나일강에서 매년 봄마다 홍수가 났어요. 이 홍수는 나일강 삼각주의 비옥한 평야에 물을 충분히 주는 역할을 해서 농사를 잘 지을 수 있게 해 주었지요. 물론 지금은 댐이 있기 때문에 이런 방법이 아니어도 농사를 잘 지을 수 있답니다.

강을 다듬는 이유로 알맞지 않은 것은 무엇일까요?

01 물이 잘 흐르게 하려고

02 물이 넘치지 않게 하려고

03 물이 빨리 흐르지 않게 하려고

04 물을 곳곳에 잘 쓰려고

생각 키우기

옛날에는 물을 잘 다루는 임금을 훌륭한 임금으로 칭송했답니다. 그만큼 물을 잘 다루는 일은 예나 지금이나 나라의 중요한 일이지요. 각 나라에서는 강과 하천을 정비해서 **물이 잘 흐르게 하고, 둑이 넘치지 않도록 대비해요. 특히 물이 곳곳에 잘 쓰이도록 하려고** 언제나 물길을 다듬지요.

정답 ❸

무엇일까요?

첫 번째 힌트	★ 밤사이에 내려요.
두 번째 힌트	★ 맑은 날 아침에 볼 수 있어요.
세 번째 힌트	★ 사막의 생물이 살아가는 데 필요해요.
네 번째 힌트	★ 물체 표면에 맺힌 물방울이에요.
다섯 번째 힌트	★ 호수나 하천 부근에서 잘 맺혀요.

 결정적 힌트 "꽃잎에 매달린 물방울!"

Dew

이

ㅇㅅ

이슬

물체 표면에 맺힌 물방울
이슬

이른 아침에 숲속을 가 보면, 비도 오지 않았는데 풀잎을 따라 물방울이 흘러내리는 것을 볼 수 있어요. 이것이 이슬이에요.

밤새 공기 중에 있던 수증기가 아주 작은 물방울이 되어 뿌옇게 떠다니는 것이 안개이고, 여기서 더 큰 물방울을 이루며 풀잎에 맺힌 것이 이슬이랍니다.

이슬은 주로 바람이 약하거나 거의 불지 않는 맑은 날 새벽에 생겨요. 기온이 영하까지 내려가면 얼음 상태인 서리가 된답니다.

이슬은 작은 물방울이지만 어떤 지역에서는 아주 중요한 역할을 한답니다. 물이 부족한 사막이나 고원 지대에서는 마실 물로 쓰이기 때문이에요. 그런 곳에서는 이슬 한 방울도 아주 귀하게 여기지요.

놀라운 지구이야기
이슬

식물에는 해로운 이슬?

이슬은 식물에 있는 해로운 세균이 잘 자라도록 도와요. 왜냐하면 식물은 햇볕을 받아 바짝 말라 있어야 건강한데, 이슬 때문에 축축하게 젖어 세균이 살기 좋은 환경이 되기 때문이지요.

추운 날엔 이슬 대신 서리!

공기 중의 수증기가 땅이나 나무줄기 등에 물방울로 맺히는 게 이슬이라면, 날이 추워 수증기가 얼음으로 맺히는 게 서리예요.

서리는 바늘 모양, 부채 모양, 비늘 모양 등 다양한 모양의 얼음 결정을 이룬답니다.

앗! 이슬에 갇혀 버린 개미!

개미의 몸집은 이슬의 크기와 비슷해요. 그래서 이슬에 갇히면 빠져나오지 못하고 그대로 죽기도 한답니다.

이것은 물방울에 표면 장력이라는 힘이 강하게 작용하기 때문이에요. 표면 장력이란, 액체의 표면이 스스로 뭉치려고 하는 힘이에요. 이슬에 갇힌 개미가 이 힘을 이겨 내야 빠져나올 수 있어요.

'아침에 거미줄에 이슬이 맺히면 날씨가 맑다.'는 옛말이 있어요. **무슨 이유일까요?**

01 이슬은 날이 맑아야 맺히니까

02 거미는 날이 맑아야 거미줄을 치니까

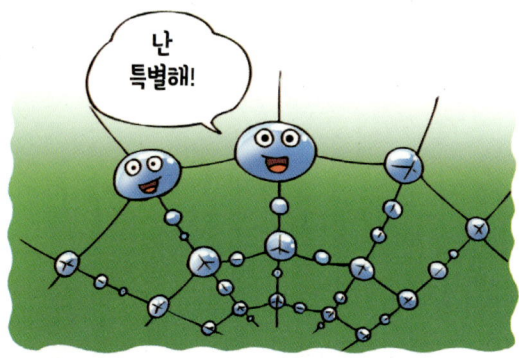

03 날이 맑아야 거미가 이슬을 모으니까

04 날씨가 맑아서 이슬이 잘 보이니까

생각 키우기

이슬은 바람이 거의 없는 맑은 날 새벽에, 낮은 기온 때문에 수증기가 물방울이 되어 나뭇잎 등에 맺힌 거예요. 그러니까 거미줄에 이슬이 맺힌 날은 흐리거나 비가 내리지 않는다는 것을 알고 어른들이 하셨던 말씀이랍니다.

정답 ❶

GUESS 39

무엇일까요?

첫 번째 힌트	★ 숨을 쉬고 활동할 수 있어요.
두 번째 힌트	★ '목숨'이라고도 해요.
세 번째 힌트	★ 태어난 곳이 있어요.
네 번째 힌트	★ 살아 있다는 거예요.
다섯 번째 힌트	★ 영원할 수는 없어요.

결정적 힌트: "영원한 ○○을 원한 진시황제"

Life

생

ㅅ ㅁ

생명

생물이 살아 숨 쉬는 힘
생명

주변을 둘러보세요. 가족과 친구는 물론이고, 강아지, 나무, 꽃 한 송이까지 모두 숨을 쉬고 있어요. 바로 생명이 있는 거예요.

생명이 얼마나 신비한지 아세요? 수없이 많은 세포가 모여 하나의 조직을 만들고, 조직은 또 하나의 기관을 만들고, 기관은 몸을 이루지요.

수없이 많은 세포 중 하나만 잘못되어도, 어느 한 과정만 빠져도 생명은 태어날 수 없어요.

볼 수 있고, 들을 수 있고, 잡을 수 있고, 달릴 수 있는 것이 당연하게 느껴지겠지만, 살아 숨 쉰다는 것은 식물이든 동물이든 정말 경이롭고 놀라운 과학이라고 할 수 있지요.

지구가 다른 행성과 또 다른 이유, 바로 생명이랍니다.

생명에 대한 주장!

창조론

"신 외에는 무엇도 생명을 만들어 낼 수 없다!"

진화론

"생명은 간단한 유기 화합물에서 시작되었다!"

다윈 같은 일부 학자들이 주장하는 이론. 생물이 주변 환경에 적응하기 위해, 또는 자신의 단점을 없애기 위해 다음 세대로 내려가면서 스스로 몸을 좋은 방향으로 변화시킨다는 이론이에요.

도마뱀
물속에 살다가 땅 위로 올라오면서 햇볕에 적응하려고 피부가 두꺼워졌다.

물자라
땅 위에 살다가 먹이가 풍부한 물속에서 살면서 다리가 물을 젓는 노처럼 변했다.

판스퍼미아
(외계 생명체 유입설)

"생명은 우주의 다른 곳에서 지구로 전해졌다!"

우주에 지구와 같은 행성이 또 있을 거라는 이론. 지구와 같거나 지구보다 더 발달한 별이 분명히 존재한다는 이론이지요. 지구에 있는 생명이 다른 외계에서 유입되었다는 이론이랍니다.

생명 복제는 어떻게 하는 걸까?

한 생명에서 DNA를 뽑아다가 그 생명과 유전자가 똑같은 또 하나의 생명을 만들어 내는 것을 생명 복제라고 해요.

1996년 말에 영국의 이언 윌머트 박사가 체세포 복제 기술을 이용해서 복제 양 '돌리'를 탄생시켰어요.

1999년 2월에는 우리나라의 황우석 교수가 세계에서 다섯 번째로 젖소 '영롱이'를 복제하는 데 성공했답니다.

하지만 이런 생명공학은 언제나 윤리적인 문제에 부딪혀요. 혹시라도 이러한 기술이 인간을 복제하는 데 쓰이게 되면, 생명을 가벼이 여기게 되어 인간의 존엄성까지 무너질 수 있기 때문이랍니다.

돌리

영롱이

생명 복제 기술로 태어난 예

세계 최초로 복제된 개, 스너피

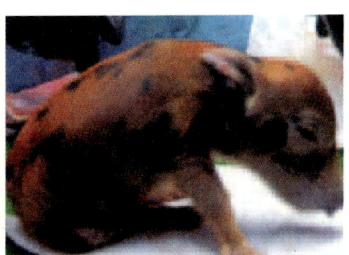
장기 이식용 무균 돼지 탄생

광우병 내성 복제소 탄생

동물이 진화한 예로 알맞지 않은 것은 무엇일까요?

01 음파를 듣게 된 박쥐

02 아가미가 생긴 물고기

03 물에 들어가 살기 시작한 고래

04 어두운 동굴에서 시력을 잃은 물고기

생각 키우기

박쥐는 시력이 나쁜 대신 **초음파**가 발달하였고, 폐로 숨을 쉬는 물고기는 물속 생활에 편리하도록 **아가미**가 생겼지요. 또 고래는 원래 땅 위에서 사는 육지 포유동물이었지만 먹이를 찾아 **물속**으로 들어가 살게 되었어요. 이런 예들은 모두 필요에 의해 변화한 진화랍니다. 하지만 동굴이 어두워 볼 필요가 없게 되어 결국 시력을 잃었다면, 그것은 진화가 아니라 퇴화라고 해야지요.

정답 ❹

GUESS 40

무엇일까요?

- **첫 번째 힌트** ★ 하늘에 떠 있어요.
- **두 번째 힌트** ★ 높은 산 중턱에 걸려 있기도 해요.
- **세 번째 힌트** ★ 안개와 비슷해요.
- **네 번째 힌트** ★ 여러 가지 모양으로 변해요.
- **다섯 번째 힌트** ★ 바람을 따라 움직여요.

결정적 힌트 "많이 모이면 비가 내려요."

Cloud

구

ㄱ ㄹ

구름

하늘에 떠 있는 물방울 덩어리
구름

　구름은 물방울이나 얼음 알갱이가 모여서 하늘에 떠 있는 것을 말해요. 물방울이나 얼음 알갱이는 매우 작고 가벼워서 하늘을 이리저리 떠다니지요. 그러다가 수십억 개의 물방울이 모여서 덩어리를 이루는 것이 구름인 거예요. 구름이 떠다닐 수 없을 만큼 무거워지면 땅 위로 떨어지는데 이것이 비나 눈이지요.

　우주에서 보면 구름은 지구 표면의 3분의 1을 차지할 정도로 넓게 퍼져 있어요. 그래서 지구 어디에서나 구름을 볼 수 있고, 이것은 또한 지구 어디에나 물이 있다는 뜻이기도 하지요.

　구름은 모양도 여러 가지예요. 구름은 만들어질 때의 기온이나 공기 중에 수증기가 있는 정도에 따라 모양이 달라지기 때문에 구름의 모양만으로도 날씨를 가늠할 수 있답니다.

모양도 다양한 구름!

구름은 모양도 가지가지예요. 우리는 이런 구름의 모양만 보고도 날씨를 알 수 있답니다.

푸른 하늘에 새털구름이 떠 있으면 날씨가 맑아지며, 동글동글 덩어리진 양떼구름이 떠 있으면 폭우가 쏟아지지요. 또 안개처럼 땅 가까이 층을 이루는 안개구름이 뜨면 이슬비가 내리고 가벼운 눈발이 날리며, 잿빛이나 푸른빛으로 하늘을 덮는 높층구름이 뜨면 비가 내려요. 온 하늘을 뒤덮는 엷고 흰 면사포 모양의 면사포구름이 뜨면 눅눅한 날씨가 된답니다.

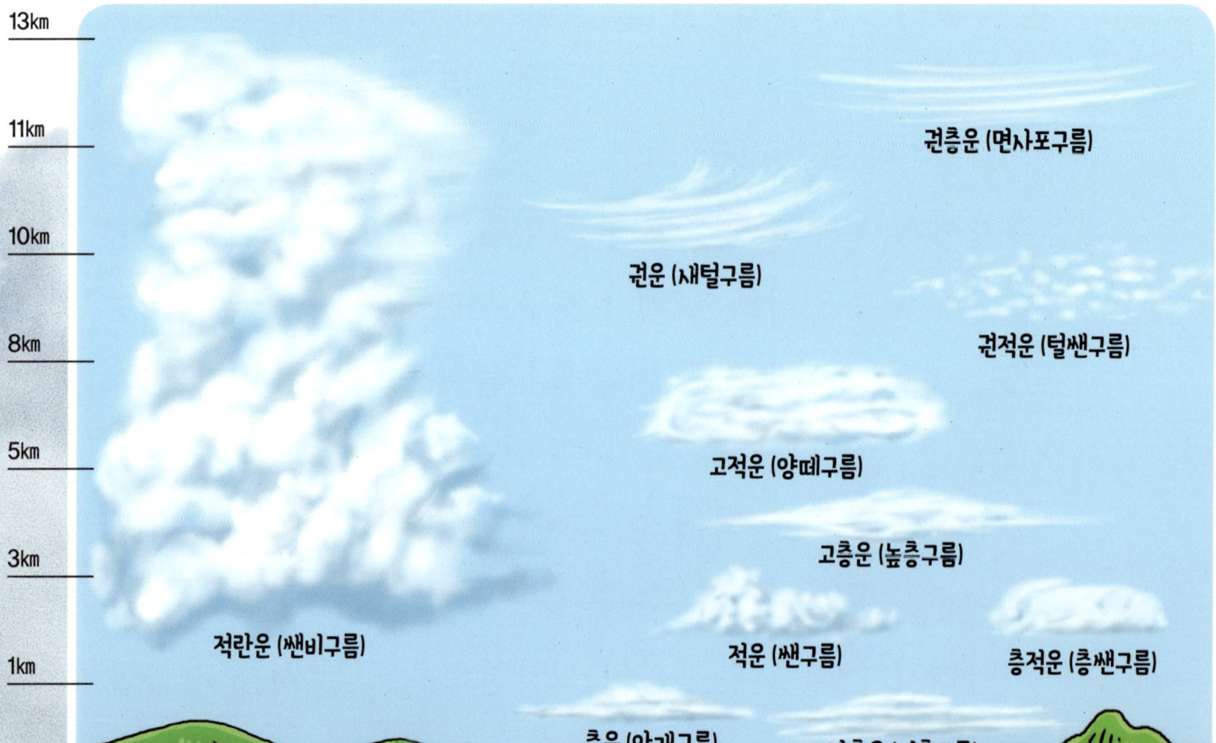

- 권층운 (면사포구름)
- 권운 (새털구름)
- 권적운 (털쌘구름)
- 고적운 (양떼구름)
- 고층운 (높층구름)
- 적란운 (쌘비구름)
- 적운 (쌘구름)
- 층적운 (층쌘구름)
- 층운 (안개구름)
- 난층운 (비층구름)

달을 두른 구름?

무리는 태양이나 달, 또는 가로등과 같이 강한 빛 주위에 동그랗게 생기는 빛의 띠예요. 달무리는 구름이 아니라, 달 주변이 뿌옇고 희미하게 번진 것처럼 보이는 빛이랍니다.

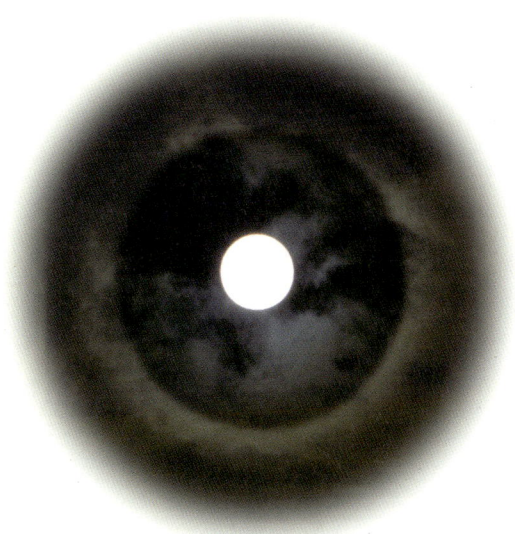

구름은 어떻게 만들어질까?

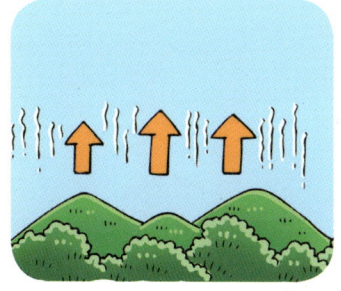  

수증기를 머금은 공기가 땅에서 열을 흡수하면 위로 올라가면서 부피가 늘어나요. 뜨거운 공기는 위로 올라가려는 성질이 있거든요.

공기의 부피가 늘어나면 온도가 내려가는데 이때 이슬점*에 다다르면 물방울이 생기기 시작해요. 이 물방울이 모여 구름이 만들어져요.

구름이 위로 올라가면서 기온이 0도 아래로 내려가면 구름의 물방울이 얼음 알갱이로 변하기도 한답니다.

*이슬점 : 수증기가 물이 되기 시작하는 온도.

먹구름은 낮게 떠요.
그 이유는 무엇일까요?

01 차가워서

02 뜨거워서

03 무거워서

04 태양을 피하고 싶어서

생각 키우기

먹구름은 비가 올 때 생기는 구름이에요. **물기를 많이 머금고 있어서 금방이라도 비를 뿜어낼 수 있지요. 그래서 보통 구름보다 무겁고**, 높이 뜰 수 없는 거예요. 먹구름이 끼면 하늘을 완전히 가리기 때문에 주변이 어두워진답니다.

정답 ❸

지구는 어떻게
생겨났을까요?

- 우주의 탄생
- 지구의 탄생
- 지구의 내부 구조
- 한눈에 보는 지구
- 찾아보기

우주의 탄생

지구는 어떻게 생겨났을까요? 지구의 탄생을 알아보려면, 먼저 **지구가 속한 우주의 탄생**부터 알아봐야겠죠?

우주가 커진다! 커진다!
빅뱅이 일어났어요. 아주 작은 공간에 모여 있던 에너지와 물질이 갑자기 거대한 폭발을 일으키면서 팽창하더니, 지금의 우주를 만들었어요.

물질이 뭉친다! 뭉친다!
우주에 변화가 생기면서 점점 여러 힘과 물질이 모여 덩어리를 만들어 내기 시작했어요. 작은 덩어리들은 큰 덩어리에 끌려가 합쳐졌지요. 하지만, 제법 큰 덩어리들은 혼자 팽팽하게 버티며 우주 공간을 돌고 있어요.

우주를 떠돈다! 떠돈다!

그렇게 해서 생긴 덩어리는 크게 항성*, 행성*, 위성*으로 나뉘는데, 항성 주위를 행성이 돌고 행성 주위를 위성이 돈답니다.

*항성: 스스로 빛을 내는 아주 큰 덩어리.
*행성: 항성 주위를 도는 덩어리.
*위성: 행성 주위를 도는 덩어리.

난 태양이 마음에 들어!

난 지구가 마음에 들어!

지구와 태양은 한 가족?

태양도 항성 중 하나예요. 태양 주변을 8개의 행성이 돌고 있는데 그중 하나가 지구이고, 지구 주변을 달이라는 위성이 돌지요. 태양, 태양을 중심으로 도는 행성들, 그 주변을 도는 위성 모두를 태양계 가족이라고 한답니다.

은하가 생긴다! 생긴다!

우주에는 여러 항성이 있고, 항성마다 행성이나 위성 같은 가족이 딸려 있지요. 이 모든 것이 모인 별 집단이 은하랍니다.

지구의 탄생

정말 믿을 수 없어!
최초의 지구가 **뜨거운 불덩어리**였다고?

1. 불덩어리 지구

맞아요. 지구는 처음에 불덩어리였어요. 지구 역시 작은 덩어리들이 자꾸 끌려 들어와 부딪혔거든요. 충돌 때문에 지구는 처음에 쇳물이 부글거리는 뜨거운 상태였답니다.

2. 점점 식어 가는 지구

시간이 흐르자 지구 주변에 있던 작은 덩어리들의 수가 줄어들었고, 충돌 또한 줄었어요. 뜨거웠던 지구 온도는 점점 내려가기 시작했어요.

3. 비가 된 수증기

한편, 이런 지구는 대기로 둘러싸여 있었어요. 지구 온도가 내려가자 대기*에 있던 수증기는 비가 되어 내렸어요. 그때의 비는 300도가 넘을 정도로 뜨거웠답니다.

*대기: 이산화탄소, 수증기, 산소 등의 지구 주위를 둘러싼 기체.

4. 식어 가는 지구 표면

지구의 표면이 식어 갈수록 폭포처럼 쏟아져 내리던 비의 온도도 내려가고 대기와 지구 표면도 점점 더 식어 갔어요.

5. 단단히 굳어진 지구

지구의 표면은 완전히 식어서 지금처럼 단단하게 굳었답니다. 우리가 살고 있는 지구는 이렇게 태어났답니다.

지구의 내부 구조

지구가 둥글게 생겼다는 건 알고 있을 거예요. 그럼 우리가 사는 지구의 속은 어떻게 생겼을까요?

내핵
지구의 가장 안쪽 부분으로, 주로 철로 이루어져 있어요. 태양 표면 온도인 약 5,000도나 될 정도로 매우 뜨거워요. 단단한 고체 상태예요.

외핵
역시 주로 철로 이루어져 있고 온도는 약 4,000도예요. 내핵과 달리 액체 상태를 띠고 있지요. 지구가 움직이면 액체 상태인 철도 따라 움직여요.

맨틀
맨틀은 지구에서 가장 많은 공간을 차지해요. 고체 상태지만, 비교적 온도가 낮은 바깥쪽은 단단하고, 온도가 높은 안쪽은 물렁물렁해서 움직인답니다. 그래서 지진의 원인이 되기도 해요.

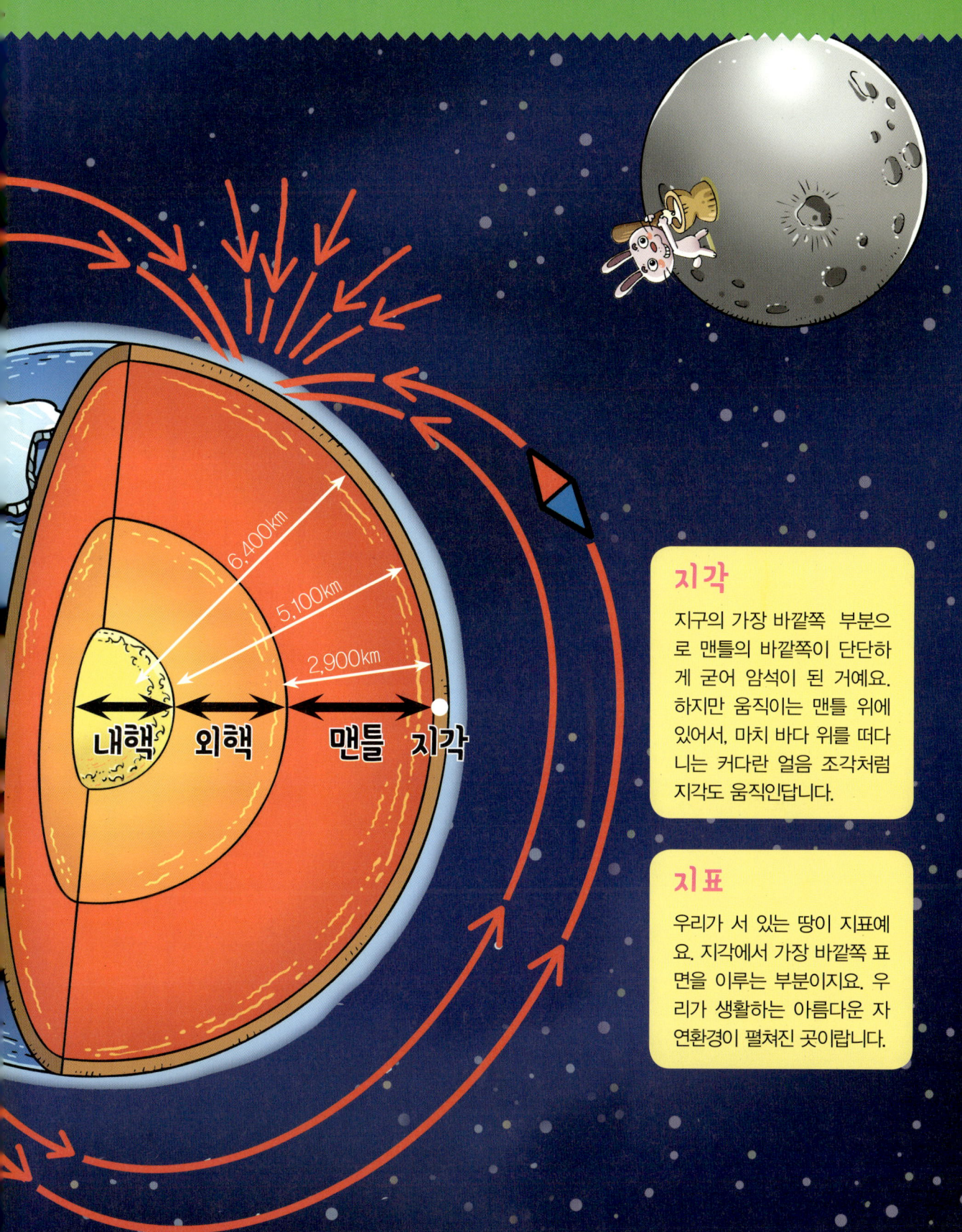

지각
지구의 가장 바깥쪽 부분으로 맨틀의 바깥쪽이 단단하게 굳어 암석이 된 거예요. 하지만 움직이는 맨틀 위에 있어서, 마치 바다 위를 떠다니는 커다란 얼음 조각처럼 지각도 움직인답니다.

지표
우리가 서 있는 땅이 지표예요. 지각에서 가장 바깥쪽 표면을 이루는 부분이지요. 우리가 생활하는 아름다운 자연환경이 펼쳐진 곳이랍니다.

찾아보기

ㄱ
가뭄 … 223
강 … 163
계절 … 73
구름 … 247

ㄴ ㄷ ㄹ
남극 … 79
눈 … 49
달 … 67
대기 … 61
동굴 … 169
땅 … 175

ㅁ ㅂ
무지개 … 205
바다 … 19
바람 … 127
번개 … 217
별 … 115
북극 … 85
비 … 133

ㅅ
사막 … 13
산 … 181
섬 … 193
시간 … 139
생명 … 241

ㅇ
아마존강 … 91
안개 … 211
온천 … 199
운석 … 121
은하 … 109
이슬 … 235

ㅈ ㅊ ㅋ
중력 … 43
지진 … 25
지층 … 97
지하자원 … 157

ㅌ ㅍ
태양 … 145
태풍 … 37

ㅎ
해일 … 151
화산 … 31
화석 … 103
환경 오염 … 187
황사 … 55
홍수 … 229

도움 주신 분들

남극, 북극, 세종 과학 기지, 다산 과학 기지, 오로라, 아라온호, 달무리, 만년설 사진
(네이버 카페 – 눈사람클럽 / 출처: http://cafe.naver.com/poletopole2.cafe)
측우기, 화석, 운석, 금강, 환경 오염, 석회암, 석탄, 사진(유은상 / 출처: http://blog.naver.com/yes3man)
베수비오 화산 사진(이태원 / 출처: http://blog.naver.com/ytw0315)
월식 사진(김현욱 / 출처: http://kyuza.blog.me/) 일본 쓰나미 사진(출처: 연합뉴스)
홍수 사진(김경복 서울사진대전 초대작가 / 출처: http://photo.naver.com/user/kkb1155)